名师名校名校长

凝聚名师共识
回应名师关怀
打造名师品牌
培育名师群体

郭明达题

名师名校名校长书系

师道

高职院校
教学管理之育人漫谈

李海峰 著

吉林文史出版社

图书在版编目（CIP）数据

师道：高职院校教学管理之育人漫谈 / 李海峰著
. 一长春：吉林文史出版社，2019.6
ISBN 978-7-5472-6351-8

Ⅰ.①师… Ⅱ.①李… Ⅲ.①高等职业教育—教学管
理—研究 Ⅳ.①G718.5

中国版本图书馆CIP数据核字（2019）第135591号

师道：高职院校教学管理之育人漫谈
SHIDAO GAOZHI YUANXIAO JIAOXUE GUANLI ZHI YUREN MANTAN

著　作　者：李海峰
责任编辑：程　明
封面设计：姜　龙
出版发行：吉林文史出版社有限责任公司
电　　话：0431-81629369
地　　址：长春市福祉大路5788号
邮　　编：130118
网　　址：www.jlws.com.cn
印　　刷：北京虎彩文化传播有限公司
开　　本：170mm×240mm　1/16
印　　张：10.75
印　　次：2022年6月第1版　2022年6月第1次印刷
书　　号：ISBN 978-7-5472-6351-8
定　　价：45.00元

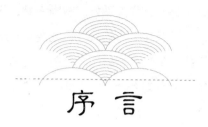

序 言

　　2003—2011年，我一直在专任教师岗位上，只不过自2004年4月担任系主任起就长期兼有教学管理的任务；2012年3月至2018年底，我专职从事教学管理工作（2015年11月前在西安外事学院，11月1日后转到重庆公共运输职业学院），但始终没有忘记教师的本分。2019年1月，进入重庆交通大学，重回自己恋恋不舍的专任教师岗位，只是这一天比自己的预期来得早了点。

　　我喜欢结合工作进行学习和思考，以指导自己的工作、提升自己的水平。离开教学管理岗位之后，把自己在教学管理岗位上的一些思考和体会结集出版，是我在教学管理岗位工作时给自己定下的目标。

　　之所以离开教学管理岗位之后还要把自己的这些思考整理出来，是因为这些思考我都是花了心思的，而且有些想法在当时还是比较超前、与众不同的，虽然当时没能引起足够的重视，但之后逐渐被实践所证实是符合教育规律和形势要求的。例如，2011年，我就提出在高校工作的每一个人都是教育工作者，都有育人的使命，2016年全国高校思想政治工作会议之后，这个观点已经成为大家的共识了；又如，我一直在提民办高校要处理好质量与生源的关系，要把教育质量落实到每一门课程之中，2017年的"课程育人""课程思政"和2018年的"打造金课，杜绝水课""给大学生增负"等提法终于证实了我的想法都是应该做的，而且是能做到的。

　　之所以觉得与众不同，主要基于两点：一是我学的是思想政治教育专业。所谓"三句不离本行"，当专任教师时，我把育人贯穿于课堂内外，到了教学管理岗位之后，工作中也有一个基本不变的观点，那就是相信绝大多数学生是爱学习，是想学好的，所以教学管理要以学生为本，要能激发学生的学习动力，为学生营造适合学习、成长的环境。二是我从基层教师一路走来，深知一线教师的不容易，于是总是想着该怎么帮助、鼓励、激励一线教

师投身教学改革，把课上好，把学生教好。教师满意，学生满意是我从事教学管理的出发点和落脚点，所以在工作的时候，我经常会从教师怎么想、学生怎么办的角度，提出自己的一些观点和看法。之前，或许我还有些犹豫，但看到习近平总书记在2018年全国教育大会上的讲话——"要把立德树人融入思想道德教育、文化知识教育、社会实践教育各环节，贯穿基础教育、职业教育、高等教育各领域，学科体系、教学体系、教材体系、管理体系要围绕这个目标来设计……凡是不利于这个目标的做法都要坚决改过来。"心里就有底气了。原来我的理念、我的坚持是对的：管理是育人的手段而不是目的，育人首先得心中有人。管理者心中有教师、有学生，在管理实践中才能够以教师为本、以学生为本！也就是说，在教学管理中育人本身就是教育规律的基本要求。

管理者为何要育人？简单地讲，那是因为一个人的思想品德是通过耳濡目染即在周围环境的熏陶和感染下逐渐形成的。学校课程教学中所采用的方法、学校中每一项工作、学校中发生的每一件小事，都充满着进行思想政治教育的可能。从这个意义上讲，每一个教育工作者都有育人的职责。也就是说，立德树人是学校的根本任务和中心环节，育人是学校全体教育工作者的职责。举例来说，学生不会因为某个教师的品行不端而怀疑他所讲授的定理、公式的科学性，但一定会因为某个教师的品行不端而对整个思想政治教育产生怀疑。同样，学生一般不会向学校的某个管理人员询问他们专业上的困惑，即使问了也不会因管理人员不能回答他们提出的问题而抱怨，但一定会因学校制度的不科学或者管理人员的工作态度不好、言行不得体而对学校教育特别是思想政治教育产生怀疑。

教育管理者如何育人？其实，育人的途径是多方面的：管理者心中有教育情怀，把规范管理的严格要求和春风化雨、润物无声的教育方式结合起来，强化科学管理对道德教育的保障功能，大力营造治理有方、管理到位、风清气正的育人环境，这是管理育人；管理者心中有教师，能主动为教师投身教学改革、提升教育教学水平提供帮助，指导教师并对其进行激励，让教师能舒心、宽心、尽心、有信心地从事教育教学，这也是管理育人；管理者心中有学生，时刻不忘教育工作者的身份，自觉地注意在学生面前的言行，为学生做榜样，主动和学生交流，为学生释疑解惑、启迪人生，这还是管理育人。

育什么样的人？育德智体美劳全面发展，能够担当民族复兴大任的时代新人。

《师道——高职院校教学管理之育人漫谈》一书，其体例不同于学术论文，甚至还够不上一般意义上的研究报告，因为书中收录的主要是我在高职教学管理岗位工作时所写的一系列发言稿，涉及育人体系设计、专业与课程建设、教师队伍建设、教学管理制度建设、教学运行管理、学生思想政治教育等方面，其形式和"漫谈"无异。但漫谈之中又自成体系，师者育人的初心一以贯之，在一定程度上做到了将立德树人贯穿于教学管理工作全过程。稍显遗憾的是，还有一些发言特别是参加学生活动和小型教师座谈会时的即兴发言没有记录而没能收集进来，但遗憾又何尝不是生活的另一种美呢？

我自认为是一个比较务实的人，所以针对具体工作，我既有理论性的思考，又会提出具体的操作办法；但我还是一个不太自信的人，喜欢提出想法，至于能否被采用、落实则懒得去管，似乎更适合从事顾问、参谋类的工作。于是，我想，把自己的想法、做法整理出来，或许能对一些青年教师以及正在从事教学管理的同行有所裨益。当然，内心深处，可能还是因为我对过去用心对待的工作有所留恋。

感谢所有在我身边出现过的人！特别感谢西安外事学院、重庆公共运输职业学院、重庆交通大学的领导和同事对我的信任、理解、关心、帮助、指导与支持！

感谢重庆交通大学对本书出版给予的资助［本书是2019年重庆交通大学高层次人才科研启动项目"高校培养时代新人基本问题研究（19JDKJC-A013）"成果之一］！资助是关爱，是帮助，是信任！资助还是激励我继续前行的动力！更是学校管理育人的无声胜有声之举！

感谢我的家人！家的温暖是幸福的源泉！

感谢我所有的老师，是我的老师们给了我坚守教师这份事业的动力和榜样！

无以回报，唯有热爱生活、坚持读书、努力工作！

育人无止境，育己是前提，我将"修己以敬"！

是为序。

李海峰

2019年8月于重庆富力城·翰湖

3

目　录

高职院校"四个三年不断线"及"四个达标"育人体系的构思 ①

2018年9月10日，习近平总书记在全国教育大会上指出："要努力构建德智体美劳全面培养的教育体系，形成更高水平的人才培养体系。要把立德树人融入思想道德教育、文化知识教育、社会实践教育各环节，贯穿基础教育、职业教育、高等教育各领域，学科体系、教学体系、教材体系、管理体系要围绕这个目标来设计，教师要围绕这个目标来教，学生要围绕这个目标来学，凡是不利于实现这个目标的做法都要坚决改过来。"

习近平总书记的讲话中，把劳动教育提升到人才培养目标和体系中来，要求在学生中弘扬劳动精神，教育引导学生崇尚劳动、尊重劳动，懂得劳动最光荣、劳动最崇高、劳动最伟大、劳动最美丽的道理，长大后能够辛勤劳动、诚实劳动、创造性劳动。本着学以致用的原则，引发了我的一些思考，也就是我该做些什么。

一、职业院校如何弘扬劳动精神，也就是开展劳动教育

要想弄清楚这个问题，首先要弄清楚什么是劳动精神。其实总书记的讲话中已经说清楚了：劳动精神，认知层面一般指的是崇尚劳动、尊重劳动，懂得劳动最光荣、劳动最崇高、劳动最伟大、劳动最美丽的道理；实践层

---

① 本文是2018年10月就全国教育大会学习心得在学院党委中心组理论学习会上的发言稿。

面，则包括辛勤劳动、诚实劳动、创造性劳动。

我清楚地记得，我上小学、中学、大学均开设有专门的劳动课。小学和中学，每学期有一次劳动周；大学四年有一周专门的劳动课，既有教师在教室讲为什么要爱劳动，讲劳动精神的可贵，也有实地劳作，如在校内除草、打扫卫生等。后来不知什么原因，"劳"很少提了，但劳动教育却是人才成长过程中必不可少的。

那么现在我们该怎么做？作为分管教学的副院长，我在自己的业务分管范围内又该做些什么？

首先，要把德智体美劳全面发展写进我们的人才培养目标。这是一种态度，但仅仅有这种态度还不够。所以如何在培养方案的课程体系中体现、支撑、落实德智体美劳全面发展这个培养目标呢？我们可以从以下几方面入手：

（1）德育。即对学生进行思想政治教育。应该说，学校的一切活动都具有德育的功能，都是围绕立德树人来展开的。主渠道是思政课，主阵地包括专任教师的课堂和日常思想政治教育。广义上讲，法制教育、心理健康教育也属于思想政治教育的范畴。

2

（2）智育。我们的全部课程都具有智育功能。

（3）体育。体育课、体育竞赛、群体性体育活动，都属于体育教育教学的范畴。其主要目标有两点：一是增强学生体质健康；二是帮助学生养成良好的运动、生活习惯。

（4）美育。根据教育部的《学校艺术教育工作规程》和《全国普通高校公共艺术课程指导方案》文件，艺术教育是实施美育教育和素质教育的重要途径和内容。艺术选修课、校园内课外群众性文化艺术活动，这些课外文化艺术活动的目的不仅是娱乐、丰富学生的课余文化生活，还是目的明确的艺术素质培养活动，是服务于学生美育和素质教育目标的。基本上各个学校都有规定，学生在校期间必须至少选修两个学分的公共艺术课，取得一定数量的文化艺术活动课外学分，方可毕业。

劳动教育如何在培养方案、课程体系、教学体系中体现？我想到了以下四点。

第一，劳动教育要纳入思政课教学规定内容，在思政课理论教学中要加入劳动精神的认知层面的内容；思政课实践教学中有对学生平时劳动实践情况的考核。

第二，在培养方案中设定专门的劳动实践学分。怎么落实？最简单、肤浅、形式的做法是在全校范围内划分卫生责任区，包括教室，定期（比如每月）检查评比。对此问题，还有待进一步探讨。

第三，每年的志愿者活动、三下乡活动，实际上也包含这方面的要求，让学生参与劳动，形成对劳动的认识。

第四，我们的工匠精神教育、技术技能训练，我们的企业实习，都包含有劳动精神教育。职业院校培养的就是劳动者，劳动就是实践，就是动手；动手就是劳动，所以要在专业实习实训中强化劳动教育。

二、怎么围绕立德树人的目标，形成德智体美劳全面培养的育人体系，体现自己的特色

不难发现，德智体美劳的培养，都包括三个课堂：课内教学、校园文化艺术活动、社会实践。所以，我们的育人体系要围绕这三个课堂来设计。

第一，我们的培养方案是否可以做到"四个三年不断线"？

思想政治教育三年不断线：思政课程、课程思政、日常思想政治教育、校园文化艺术活动和社会实践，劳动精神教育、工匠精神教育、职业精神教育都应该属于这个范围。总书记讲，培养社会主义建设者和接班人，要在六个方面下功夫，即要在坚定理想信念上下功夫，要在厚植爱国主义情怀上下功夫，要在加强思想品德修养上下功夫，要在增长知识上下功夫，要在奋斗精神上下功夫，要在增强综合素质上下功夫。这六个方面都离不开思想政治教育。

思想政治教育不仅仅是思政课教师和辅导员的事情，每一位同志都有在各自的岗位上对学生教育引导的职责。这学期我和教师交流，说得较多的是课程思政，简单地讲，就是课堂上要教育学生，要管好学生。这是最基本的。

实践育人三年不断线：包括各种实习实训、技能训练和竞赛、社会实践，劳动实践教育也要贯穿其中。职业教育必须以实践育人为主要育人途

径。总书记的讲话专门提到了社会实践教育环节，并将它与思想道德教育、文化知识教育并列，足见其重要性。要把社会实践纳入培养方案，有学分要求，这样就形成了一个完整的育人体系。各专业可以从本专业特点出发考虑一下如何落实。

安全法制教育三年不断线：跟我们合作的两个最大的校企合作企业都强调半军事化管理，特别希望学生具有良好的安全意识和法制观、纪律观、规则意识，敬畏制度、敬畏规则。我们的思政课、日常思想政治教育如班会课、专业课也涉及安全教育，还有专门的安全与心理健康教育课，包括实习前的安全教育、实习过程中的安全教育，都服务于此。所以我们要时时讲，处处讲，这实际上不仅是服务企业，而且是我校专业教育、职业素质教育的特殊要求，归根结底是学生成长所必需的。

通识教育三年不断线：包括艺术教育、普通话、企业常用应用文、计算机、礼仪等一直在开展的教育教学活动。多数学校将通识教育集中在大一（本科则是大一和大二），但我觉得，应该贯穿到三年！比如，今年毕业的订单班定向课程中就补充了这些课程，效果还不错；这次技能竞赛选手国赛训练，加入普通话和礼仪训练后，学生向我反馈，效果挺好。实际上，通识教育涉及的要求不仅是企业对员工的基本要求，而且对人的成长的作用在一定程度上比专业教育更持久！

四个"三年不断线"，最好能写入人才培养方案，每个不断线设计一张表，从大一到大三开什么课、做什么事都要列出来，有具体的教育教学目标、任务或是要实现的目标、任务。当然，具体每个不断线怎么设计，包括哪些课程、哪些环节，需要大家一起来谋划。

第二，在正常的毕业要求的同时，我们的课程教学是否可以实现"四个基本达标"？

专业基础知识基本达标：我们所开设的每个专业，到底需要学生掌握哪些必需的基础知识？对应的每一门课程都有哪些内容是学生必知必会的？能否就每个专业归纳出一个本专业应知应会100条？100条不够200条！200条不够300条，尽量别多，再多就失去激励作用了。我们先整理出来，然后请企业专业人士帮助完善，再把这几百条对应到具体的课程中去。我们的考试就围绕着这些进行，每天都让学生去背，想方设法让学生记住应该记住的内容，再谈动手能力。

我认为我们的学生不是不爱学习，而是不知道学习什么。他们不知道课堂上学的东西有什么用。如果有这个作为学习的依据，我们的课时也能减下来，教师的教学也有重点，学生也知道该学什么。据我了解，上学期修订课程标准的时候，我们的教师基本上把每门课的重点已经列出来了，但这个重点是不是企业需要的，教师心中没数。有的教师唯恐内容讲少了，对学生将来发展不利。所以接下来，我们的校企合作要具体到校企共同制定课程标准和专业应知应会上来。

办公自动化操作基本达标：我们的计算机基础课（个别专业还涉及计算机语言课、数据库或计算机制图课）一定要对学生就业、工作有所帮助，考试、考级不是目的，能用、会用才是目的，能用计算机（包括互联网知识）工作、学习才是目的。对此，可以校内建立一个题库，专门考察学生的操作能力，要求人人过关。

普通话与应用文写作基本达标：普通话是否达标，可以直接参加普通话测试；应用文写作也是一样，通过对企业进行调研，了解企业常用文体有哪些，然后落实到课堂上来讲，要求人人过关。

礼仪规范基本达标：除了礼仪课之外，目前每个系都有自己的礼仪队、礼仪指导教师，学校也有校礼仪队。懂礼仪就是知规范、讲规则，这样的人到哪儿都受欢迎。可以肯定的是，从去年开始，我们的学生在这方面的素养有了明显提升，经常能遇到不认识的学生主动问好。但还是存在一些问题，如站姿、服饰等方面。我觉得教学上也得思考：要从提高全校学生礼仪素质的角度设计教学方案，主动和学生活动对接，要把第一课堂和第二课堂关联。例如，从现在的大二开始，每个年级都进行礼仪操训练，见到教师要问好，站有站相、坐有坐姿，衣着得体，懂基本的文明礼貌。达标的要求既有礼仪知识测试，又有仪态展示，现在越来越多的中职、高职学校在这样做了。有些职业院校搞礼仪比赛就和广播体操比赛一样，一个班级一个班级地到操场展示、评比、过关。别人能做到的，我们也应该能做到，关键是要主动去做！

以上是个人不成熟的思考，供大家讨论。

对高校"立德树人"的几点再思考 ①

党的十九大报告指出："要全面贯彻党的教育方针，落实立德树人根本任务，发展素质教育，推进教育公平，培养德智体美全面发展的社会主义建设者和接班人。"结合对习近平总书记在2016年全国高校思想政治工作会议上的讲话精神的学习，本文对高校如何落实立德树人根本任务形成了几点思考：立什么样的德？树什么样的人？如何衡量立德树人工作的好坏？谁来立德树人？作为高校人，又该做一个什么样的"立德树人"工作者？

一、立什么样的德，树什么样的人

总书记说，"高校思想政治工作关系高校培养什么样的人、如何培养人以及为谁培养人这个根本问题。要坚持把立德树人作为中心环节，把思想政治工作贯穿教育教学全过程，实现全程育人、全方位育人。"这就告诉我们，高校立身之本在于立德树人，立德树人是高校的根本任务，其他工作都要服从并服务于这个中心，这个根本任务。

那立什么样的德？树什么样的人呢？

总书记指出，我们要"培养德智体美全面发展的社会主义建设者和接班人""要引导师生做社会主义核心价值观的坚定信仰者、积极传播者、模范践行者"。这就明确告诉我们，高校要引导并帮助学生立"践行社会主义核

---

① 本文是2017年年底学习党的十九大报告及习近平总书记在2016年全国高校思想政治工作会议上的讲话精神后的心得体会。

心价值观"之德，从而树"为人民服务，为中国共产党治国理政服务，为巩固和发展中国特色社会主义制度服务，为改革开放和社会主义现代化建设服务"之人。

立德树人是统一的。立德是树人的前提和根本，没有德的人是树不起来的；树人首先要立德，立德本身就是树人，立德的过程就是树人的过程。为社会主义现代化建设培养人，就必须立"践行社会主义核心价值观"的社会主义之德。

二、立德树人首先要培育学生理性平和的健康心态

习近平总书记在2016年全国高校思想政治工作会议上说，"要坚持不懈促进高校和谐稳定，培育理性平和的健康心态，加强人文关怀和心理疏导，把高校建设成为安定团结的模范之地"。实际上，2012年党的十八大报告和2017年党的十九大报告中都讲到了要培育理性平和的社会心态，足见当前理性平和的健康心态对社会发展的重要性。

我有这样一个观点：用人单位满意的大学才是人民满意的大学、用人单位满意的教育才是人民满意的教育，而理性平和的健康心态是社会发展的需要，是每个单位健康发展的需要。因此，一所高校所培养的学生是否具有理性平和的健康心态，就成了衡量这所学校教育质量、校风好坏的重要指标之一，也就是衡量立德树人工作好坏的指标之一。如果我们培养的学生都具有理性平和的健康心态，那进入工作岗位后在用人单位乃至在社会上形成的正能量就非常巨大了，如此，就可以肯定地说，我们的教育成功了一大半。

那么如何判断我们培养出来的学生是否拥有理性平和的健康心态呢？我认为，判断标准应包括：学生毕业后不在背后骂自己的母校，进入工作单位后不在背后骂自己的工作单位，在社会中遇到不公平的事情不报复社会、不与社会斗气，没有那么多的抱怨和戾气，通俗地讲就是不会出现"吃着谁的饭、砸谁的锅"的现象。

怎么做呢？用总书记的话说，就是要"围绕学生、关照学生、服务学生，加强人文关怀和心理疏导"，而不是居高临下，简单地上传下达，不能上面怎么要求我们，我们就怎么要求学生，不能打着"我是教师，你是学

生，你必须听我的！""我/学校这样做也是为了你好！"等旗号用简单的行政命令式管理方式代替需要耐心和爱心的思想政治教育。诚如习近平总书记所说，"做好高校思想政治工作，要因事而化、因时而进、因势而新。要遵循思想政治工作规律，遵循教书育人规律，遵循学生成长规律，不断提高工作能力和水平"。

遵循思想政治工作规律，就是要坚持用科学的理论武装人，也就是用马克思列宁主义、毛泽东思想、邓小平理论、"三个代表"重要思想、科学发展观、习近平新时代中国特色社会主义思想武装我们的学生；就是要坚持理论与实践相结合，贴近生活、贴近实际、贴近学生，与日常的教学、管理、服务等工作一起来开展，渗透到学校生活的全过程中去，全方位实施；就是要坚持解决思想问题与解决实际问题相结合，通过细致入微的教育、引导和提供无私的帮助，感化、感染学生，让学生实实在在地感到学校教育的温暖，进而对我们的教育充满感恩，从而对马克思主义、对社会主义产生情感，信念坚定，意志顽强，并变成一种自觉的行为。

遵循教书育人规律，就是教育者要先接受教育，坚持在教学过程中不仅传授知识，还要引导学生树立正确的世界观、人生观和价值观。

遵循学生成长规律，就是要了解学生的生理和心理特点，如渴望被尊重、被理解、被信任、被接纳，有较强的接受新事物的意识和独立意识、平等意识，并能够根据他们的特点开展教育活动。

三、立德树人需要全员参与

以前我们常说，思想政治教育绝不只是思想政治理论课教师和辅导员的工作，而是贯穿教育教学的各环节、人才培养的各方面，要努力做到全员育人。现在立德树人作为高校的根本任务，已经远远超出思想政治教育所涵盖的范畴，所以更要全员参与。

早在2011年我就撰文指出，思想政治教育是学校工作的一部分，却不是学校一部分人的工作，而应该是全体教育工作者的职责。专职思想政治教育教师包括思想政治理论课教师、辅导员、班主任和学生管理工作干部，但从全员育人和全过程育人的思想政治教育理念来讲，其他各类课程的教师和各级各类行政管理人员也具有对学生进行思想政治教育不可推卸的责任，因为全部教育教学活动都具有思想政治教育意义。正如总书记在全国高校思想政治工作会议上所讲："要用好课堂教学这个主渠道，思想政治理论课要坚持在改进中加强，提升思想政治教育亲和力和针对性，满足学生成长发展需求和期待，其他各门课都要守好一段渠，种好责任田，使各类课程与思想政治理论课同向同行，形成协同效应。""整体推进高校党政干部和共青团干部、思想政治理论课教师和哲学社会科学课教师、辅导员班主任和心理咨询教师等队伍建设，保证这支队伍后继有人、源源不断。"

课堂是立德树人的主渠道。无论是思想政治理论课，还是哲学社会科学课，包括专业课，都有思想政治教育的元素和职责，都可以挖掘出其所承载的思想政治教育功能。教书必然要育人，课堂纪律管理就是最直接的一种育人方式。进一步讲，教师所传授的科学知识体系，不论它属于社会科学，还是自然科学，都蕴含着思想政治教育元素。比如，社会科学是向学生进行科学世界观、人生观、价值观教育的好教材；自然科学则在揭示客观自然规律的同时，也蕴含着丰富的唯物辩证法思想，对引导学生接受马克思主义世界观有着积极作用。又如，教师在学术研究过程中，对科学精神和创新精神的追求，也是对学生最好的言传身教。

对于党政干部、后勤工作人员等不直接从事教学活动的高校工作者，只要与学生接触，就必然具有育人元素和职责，所以也要努力提高自身思想政治素质，增强管理育人、服务育人能力。比如，管理人员、后勤服务人员能否公平公正？是否理性平和？这些都会对学生的品德和心理产生这样或那样的影响。这是因为，一个人的思想品德的形成，是知、情、意、信、行统一发展的过程，是一种价值判断，依赖的是人们的主观情绪体验。所以要梳理高校各管理岗位、服务岗位所蕴含的育人元素和所承载的育人功能，并作为工作的职责和要求明确下来，体现在聘用、培训和考核等环节。

四、做一个什么样的高校"立德树人"工作者

立德树人的根本任务要由立德树人工作者来完成。本文提出的"立德树人"工作者，指的是直接从事教学活动的教师（包括具有教师和管理者双重

身份的辅导员）和其他不直接从事教学活动的管理和服务人员。比起之前所讲的"教育工作者"，我认为更能准确地定位各自的职责，让人们知道只要在学校工作就必然负有"立德树人"的使命。

作为教师，首先要明道、信道。"努力成为先进思想文化的传播者、党执政的坚定支持者，更好担起学生健康成长指导者和引路人的责任"。要做学生的朋友（彼此尊重）而不是前辈（必须被尊重），做学生的榜样（学习的对象）而不是偶像（让人迷失自我），和学生一起成长而不是一味要求学生（要求学生做到的自己首先做到）！不仅教书，而且育人。要"坚持教书和育人相统一，坚持言传和身教相统一，坚持潜心问道和关注社会相统一，坚持学术自由和学术规范相统一"，以德立身、以德立学、以德施教。

其次，要坚持"课堂讲授有纪律必须遵守、学术研究无禁区却有底线"这一原则。有纪律、有底线就是反对四项基本原则的言行、违反党的理论和路线方针政策的错误观点绝对不讲。"子不语怪、力、乱、神"。（《论语·述而》）孔子的平实之处表现在他很少谈论怪异、勇力、叛乱和鬼神这四样东西。孔子在那个时候就知道有些东西是不能给学生讲的，我们也要做到不在课堂上、学生面前（无论公开还是私下）传播西方资本主义价值观念，或者口无遮拦地对党和国家的大政方针妄加议论，不能因为自己的工作和生活遭遇了不公平或是为了吸引学生就在学生面前发牢骚、乱说话。"子曰：'攻乎异端，斯害也已。'"（《论语·为政》）异端就是标新立异、特别怪异的思想，是偏激的思想，是有害的思想。孔子认为，这些思想不仅不能学，还要批评，批判那些不正确的言论，祸害就可以消灭了。仅仅是"攻乎异端"还不够，我们还要坚定不移地传播和践行社会主义核心价值观。

需要指出的是，现实生活中，"教育人"的身份往往让我们居高临下，甚至自以为是，以至于失去了对受教育者的尊重，不管受教育者心里是如何想的，我们都能为自己的行为找到冠冕堂皇，但也是很无奈、无力的借口——"为他们（学生）的成长好"！这种功利的做法偏离了教育的本原！究其原因，主要是教育者忘记了自己才是最需要继续学习和修行的，忘记了自己其实是更需要被教育的。所以，总书记说，"高校教师要坚持教育者先受教育"。

行政管理人员、后勤服务人员，要改变那种工作做给领导看，为了宣传有素材，以上级领导是否满意为标准的工作观（我认为这其实是官僚主义、形式主义的表现），实实在在地走进教师和学生群体中去，牢记自己不仅是行政工作者，更是立德树人工作者。就像毛泽东同志说的，军队要打仗，要生产，还要做群众工作，世界上有这样职能的军队大概也只有中国人民解放军了，而且它成功了。同样的道理，如果哪个学校的非教学人员也做到了集管理、服务、教育学生于一体，即管理育人、服务育人，那这个学校的教育也就成功了。

总之，立德树人作为高校的根本任务，也是高校人的初心和使命。2017年12月，中共教育部党组织印发了《高校思想政治工作质量提升工程实施纲要》，提出构建"课程、科研、实践、文化、网络、心理、管理、服务、资助、组织""十大"育人体系，说明高校立德树人不是简单的口号，而是需要高校人全员参与、全过程实施，做"立德树人"工作者，把培育学生理性平和的健康心态作为首要任务，培养"为人民服务，为中国共产党治国理政服务，为巩固和发展中国特色社会主义制度服务，为改革开放和社会主义现代化建设服务"的"德智体美劳全面发展的社会主义建设者和接班人"。

以上观点，还不成熟，也未成体系，有些是前几年就提出过的，也曾被视为理想化的观点，但随着《高校思想政治工作质量提升工程实施纲要》的出台，充分证明我之前的那些观点不是理想化的而是必须做的，让我这个高校思政人感到无比兴奋！

教学工作的总体思路 ①

学校进入以内涵建设为主的发展时期，就要牢固树立"学校的根本任务是培养人，教学是经常性的中心工作，质量是生命线"的理念，以质量工程为抓手、专业建设为龙头、课程建设为关键、师资建设为根本、校企合作为支撑，进一步加强实践教学，强化教学规范管理，初步建立内部质量保证体系。

一、为什么要以质量工程为抓手

办学质量、办学水平如何体现？除了最直接的就业率和就业质量之外，靠的是质量工程标志性成果，靠的是教师的教学科研成果。没有这些项目及成果作为支撑，很难评价一所学校的质量和水平。

当前，学校取得的质量工程与教科研成果，尤其是高质量的科研成果还不是很多。究其原因，主要有两方面：一方面，激励约束政策不到位；另一方面，教师申报项目的经验和水平不足，缺少相应的指导和培训。因此，出台激励约束政策、有针对性地开展项目申报培训是下一步工作的重点。当然，一个有自觉性的教师还会从个人发展出发，不管有没有激励政策，都会主动地多出成果。

---

① 本文节选自2016 年 8 月 26 日在学院2016—2017 学年第一学期第一次教学工作例会上的发言稿。

二、为什么要以专业建设为龙头

专业是学校人才培养的载体，一所学校的办学质量和特色主要就是专业建设的水平和特色。当前，在专业建设方面，由于专任教师数量相对不足，队伍还很年轻，教师的主要精力还是放在上课方面，对专业建设的思考不多、举措还不够鲜明，校企合作深度不够，致使专业特色不够突出。如何让已开设的专业能通过合格评估，在此基础上办出特色将是一个艰巨的任务。

三、为什么要以课程建设为关键

课程是人才培养的基本单元，人才培养质量是通过每一门课、每一堂课的质量累积起来的。所以，抓质量最关键的就是抓课程、抓课堂质量。在课堂教学方面，目前我们的教学模式与职业教育的要求尚有一定差距，主要表现在重课堂灌输、轻实践，课程门数、时数多，但课堂质量不高，考试形式单一，未能体现技能教育的特点，因此，课程建设任重而道远。

如何提高课堂教学效果？需要做好三个方面，即课前的教学设计、课中的教学监控、课后的质量评价有具体的举措。大家要研究学生和企业需求，根据学生的实际开展教学，包括考试方式的改革。

四、为什么要以师资建设为根本

教师是办学的主体，高质量的办学必须有一支数量足、质量高的教师队伍。假期大部分系都安排教师外出学习、去企业学习，这一点做得非常好。知识渊博不一定是优秀教师，企业实践经验丰富也不一定是优秀教师，只有两者结合，才有可能成为优秀教师。

五、为什么要以校企合作为支撑，进一步加强实践教学

以校企合作为支撑，进一步加强实践教学是职业教育的基本途径。完全依赖于学校，靠课堂理论教学，是教不出技能型人才的。

六、为什么要强化教学规范管理，建立内部质量保证体系

教学管理要做到三个保证，即"保证教学秩序的稳定，保证教学任务的完成，保证教学质量的提高"。没有规范管理，哪儿来的教学质量？所以必须有我们自己的质量目标、保证质量的具体举措和验证质量的成果，这就是内部质量保证体系。

我们的现状是，教学管理工作的方方面面虽然都做了，但没有形成一个完整的内部质量保证体系，部分教学管理制度的修订落后于形势的发展。接下来需要进一步梳理现有的制度，根据学校的发展需要修订、完善相关制度。

需要注意的是，管理水平的高低不仅体现在有规范、完善的管理制度上，还体现在有科学、有效的制度执行能力！所以，光有制度还不够，还要提高执行能力，这也是质保体系的一部分。

当前学校办学十大关系之己见 [①]

一、学校与集团之间的关系

一方面，学校的发展离不开集团（指学校举办方——重庆城市交通开发投资集团），要依托集团把学校做大做优，也让集团投资有回报。

依靠集团：没有集团的支持（人力、财力、政策），就没有学校的发展；与我们合作的企业，大多数是出于对集团的信任。

服务集团：我们要为集团提供人才支持、技术支持、智力支持，以回报集团投资；切实履行好集团对我们的办学要求——技术技能人才培养基地、企业文化传播摇篮。

依托集团：发挥国企办学的特殊背景，广泛、深入地开展校企合作和对外宣传。

另一方面，要借鉴国企的先进管理理念来管理学校，但学校的发展还要有自己的独立性。

学习集团：国有企业的管理，相对来讲，制度齐全、规范，接受集团的领导就包括学习集团的管理理念、管理制度，甚至运行机制。

保持独立：办学就要有办学的要求，要围绕办学目标来落实集团的要求。学习集团的做法、落实集团的要求最根本的是领会实质以发展学校。对上，接受集团的行政指令，对集团负责；对下，按高校运作模式运作，对师

---

① 本文是2017年5月份学院班子务虚会上的发言提纲。

生负责；去行政化：建立两套职务体系，一套是行政职务体系；另一套是专业技术职务体系。比如，党委会要研究教学，要围绕中心（即育人工作）抓党建，抓好党建促发展；办公会要研究办学中的"三重一大"，而不是把所有事情都变成集体决策。

二、办学定位与办学水平之间的关系

不同的学校，可以提同样的定位，也在做同样的工作，但不是谁都能做好。可是一旦谁做得好了、做得到位了，谁就能进入优质行列。所以说，虽然办学定位是否准确将决定办学水平的高低，但办学水平的高低不仅体现在办学定位上，更主要的是体现在落实办学理念定位的具体行动上，也就是日常工作的水平上。

因此，有了"十三五"规划之后，我们要花大力气提高队伍整体水平，把我们的目标落细、落实。集团在实施全员素质提升工程，我们作为集团的培训基地，理所应当承担起这个重任，这也是学校发展的机遇。但更关键的是，我们更应该在学校也实施全员素质提升工程，建立起我们的师资培训方案，按照"十三五"规划对四支队伍（领导班子、管理队伍、教师队伍、辅导员队伍）的要求有针对性地开展培训。

三、城轨专业与其他专业之间的关系

城轨专业（城市轨道交通类专业）是我院的龙头专业、招牌专业，这既是历史形成的，也是形势决定的，更是学校做优所必须发展的。

铁道类专业是我们走出重庆的抓手，是我们学校做大做强所必须要发展的。

目前几个城轨类专业学生人数占在校生人数的50%以上，专业发展看似很不平衡，但这是正常的，也是必然的、必须的：其一，反映了企业和考生的需求——现有人数都毕业还满足不了重庆及周边城市轨道公司的用人需求；其二，学校的吸引力正在提升阶段，我们还需要依靠城轨专业吸引生源，以维持学校的发展。

不平衡是绝对的，平衡是相对的。全部专业不可能并行发展，不同的阶段重点支持不同的专业这才符合专业建设的规律。

从目前的实力和水平来看，限制城轨类专业招生规模的时机尚不成熟。一是城轨行业对人才的需求还处于上升趋势；二是其他专业包括铁道类专业的吸引力还不足以支撑学校的发展。一旦限制城轨类招生，生源就得不到保障，学校的发展就会受影响。

但从长远来看，学校的发展又不能完全依靠城轨类专业。什么时候能改变？当上线考生报考第一志愿人数超过当年招生计划数（"十三五"规划定的标准是150%）时。

在这个目标实现之前，我们要做到以下几点：一是加大校企合作力度，把城轨类专业的学生推出重庆；二是适当限制城轨类专业招收明显不具备企业用人条件的学生，以提高生源质量；三是根据校企合作和在校生实际需求在城轨类专业设置多个有助于学生就业的专业（就业）方向。

此外，虽然城轨专业吸引生源，但必须承认，我院这方面的技术水平并不高，对企业的吸引力并不大，在周边中高职都开始举办城轨类专业的情况下，如果不加强教师的技术和实践能力，我院的优势很快就会被取代，就算我院有目前比较领先的实训中心，但如果不持续升级换代，也会有落后于不断发展的生产实际的那一天。

能不能用铁道类专业取代城轨类专业？答案是否定的。因为铁道行业技术非常成熟，省外同类院校的教学水平及教学设施更是远远超过我院。而与铁道行业相比，城轨行业技术相对发展更快，大家都处于同一水平，反而更容易取得突破。所以，我们的目标是城轨做强（技术输出）、铁道做大（人才输出）、汽车做精（技能过硬）。

四、专业设置与专业特色之间的关系

办学就是办专业，专业特色就是办学特色。目前，我院的专业设置在重庆高职院校中有特殊性，但专业设置的特殊性不等于专业一定有特色。

专业特色体现在专业内涵建设即质量上。不同的学校可以办同样的专业，但应有不同的特色，特色就体现在对接不同的行业。重庆的高职教育，虽然赶不上广东、浙江等沿海地区，但在内地属于前列，这是因为重庆的职

17

业院校多有行业背景，而职业教育的吸引力要么是地方经济发展程度高，要么是行业企业有吸引力。

既然我们专业设置的特殊性体现在主要对接了交通行业，那我们的非交通类专业要想办出特色，在招生不理想、大众化走不通的时候，不如主动对接交通行业，办小、办精。我相信，当初那些专业申报时的理由应该都包括服务于交通行业这一条。这就是我们在学习"不忘初心"这一重要精神之后应该落实到办学之中的最好行动。

五、课堂管理与课程建设之间的关系

课程是教学的基本单元，专业建设最终体现在课程建设上，没有课程质量，就没有专业质量。

课程建设包括制定课程标准、优化教学内容资源、改革教学方法与考核评价方法等。

提高课程质量离不开强化课堂管理，课程建设最终要落实到课堂——课堂是教学的主阵地，没有课堂教学质量，就没有课程建设质量，更谈不上办学质量。

我们要正视强化课堂管理不等于课程建设的现实，不能简单地认为，我们抓课堂了就可以忽视课程建设的其他方面。

六、学历教育与社会服务之间的关系

社会服务是高等教育的基本职能之一，其基本形式是社会培训和技术（咨询）服务。服务社会的能力和水平，将是拉开职业院校办学实力与水平的重要指标。教育部、重庆市教委对高职院校"专业对接产业、学校服务社会"都有具体的要求。

开展社会服务，并不是说完全依靠我们自己的师资，我们的师资目前也不完全具备这方面的实力和水平，而是要发挥我们的场地、教学设备优势，能利用我们的师资就要加以利用。目前更多的是要借助外力，外请名师。这也为我们的师资提供了学习的机会，对学历教育质量提升有百益而无一害。

对外：对接产业（行业）开展社会培训、提供技术（咨询）服务，彰显学校办学能力和专业建设水平，提升办学（学历教育）影响力。

对内：职业技能鉴定、专接本、普通话测试、小汽车驾驶培训，直接服务于我们的学生，有助于学风的改善和就业质量的提高。

对于这个问题，部分教师现在的认识还不到位，甚至有抵触，因此既要解放思想、统一认识，又要用制度来推进，如把社会服务纳入对各系部的年度考核，确定明确的目标要求。

七、严格管理与生源得失之间的关系

以教学纪律和课堂纪律管理为抓手强调严格管理，已提升到讲政治的高度，最近中央专门要求各级学校党委对管理工作要严抓、严管。

要相信绝大部分家长是希望自己的孩子在大学里能好好学习，也要相信绝大多数学生自己也是想在大学里好好学习的。因此，我们要通过严格管理、规范管理营造优良校风，全校上下统一思想、认识和行动——严把招生关、考试关、毕业关；抓考风正学风、抓教风带学风、抓工作作风促学风。

只要我们有坚守的勇气和决心，用不了几年，学校的口碑就会得到社会认可——严格管理、质量意识只会增加生源而不会减少生源。就算我们中途劝退、开除了一部分心思不在学习上的学生，就算我们让一部分学生不能正常毕业会遭受压力，但社会评价只会提升，只要我们做到了公平、公正，毕业生对学校反而不会怨恨。相反，如果我们为了留住生源，为了暂时能获得好评的数据，让学生稀里糊涂地毕业了，学生将来就会埋怨学校，这才是教育的失败。

八、招生与内涵（品牌）建设之间的关系

生源减少是当前高职院校共同的难题（2012年重庆市初中毕业生为42万，2017年则为31万），但为什么那些好学校（办学规范、特色鲜明、质量有保障）的生源不降反增？这说明，只有办学质量得到了用人单位和社会的认可，才能吸引生源，学校才能实现可持续发展。

虽然今后一段时间（至少"十三五"规划期间）保证并扩大生源仍然是我们不能懈怠的任务，但放到整个高职院校生源不足的大形势下，我们面临

的主要矛盾就不再是"要生存与生源不足之间的矛盾",而应该是"持续发展的需要与内涵建设不同步之间的矛盾"。

"打铁还需自身硬",有了品牌才具有宣传的资本,才能吸引生源。

九、办学基础与主观能动性之间的关系

办学6年,我院取得了阶段性的成绩,有把工作继续做好的基础。比如,我们的队伍有战斗力——领导班子志在办学,教职工的主流都希望学校越来越好;教师爱校爱岗、积极上进;管理队伍执行力强、忠诚度高。我们的专业有吸引力——我们的龙头专业主要服务的行业(城轨、铁道、汽车等)对高职人才的需求量有增无减;我院的学生报考率、录取率、报到率也在逐年提升。我们的体制有竞争力——国企办学,办学资金、办学规范性、校企合作、社会信誉度都优于其他民办高校,甚至优于一些没有行业背景的公办高校。

但是,必须承认,我们的办学条件与教育部要求的指标、与我们自己的目标还有一定的距离,甚至可以说是较大的差距,主要体现在师资数量和结构、基础设施上。

在这种情况下,要把工作做好,就要有把工作做好的态度——进一步发挥主观能动性。毛泽东在《中国革命战争的战略问题》中讲道:"军事家不能超过物质条件许可的范围外企图战争的胜利,然而军事家可以而且必须在物质条件许可的范围内争取战争的胜利。军事家活动的舞台建筑在客观物质条件的上面,然而军事家凭着这个舞台,却可以导演出许多有声有色威武雄壮的话剧来……这里就用得着而且必须用我们的主观指导能力。"这告诉我们,正是因为学校规模小、办学条件相对有限、办学经验尚不足,办学过程中还存在诸多不尽如人意的地方,所以就需要我们立足这个客观事实,发挥主观能动性,才能改变这个事实!否则,不进则退!

当然,也不能完全靠主观能动性,所以,我们还要加强教职工的分类培养培训——队伍素质和水平是学校能否可持续发展的决定性力量。队伍整体年轻,从当前看是劣势,从长远看则是优势,但关键在于能否着眼长远,从当前开始,按照办学的要求,按照"十三五"规划的要求,有针对性地加强队

伍建设。

十、工作研究与工作质量之间的关系

工作研究是工作的一部分，没有研究就没有质量，工作研究的深浅决定工作质量的高低。工作研究是建立在主观能动性基础之上的。

研究需要思考：之前是怎么做的？为什么这么做？现在有没有要改进的地方？怎么改进？这次可能会遇到哪些困难？一旦遇到该怎么解决？

思考需要学习：学习他山之石，学习别人的业务、管理、教育教学中好的做法。

我们的队伍虽然总体是向上的，但在研究工作、提升工作理念上还有所欠缺，这几次办公会的提案水平证明，我们没能紧紧围绕"十三五"规划研究、琢磨年度重点任务如何落实。

没有对工作的认真研究，我们的工作就很难再上一个台阶，也就很难形成优质办学成果。这说明我们平时的工作大多是领导让做什么就做什么，没有理念指导，不知道为什么要这么做；所以在总结时就只能是就事论事，提不上高度。有工作研究，就能不断形成新的办法、新的成绩、新的经验。

做一名称职的大学教师

——谈新时代高校教师的基本素养与职责①

一、党和国家对新时代教师的定位和期望——做"四有"好教师

新时代，党和国家对教师寄予了厚望，提出了新的职业定位和期望。梳理一下，主要有以下几点。

1. 习近平总书记同北京师范大学师生代表座谈时的讲话（2014年9月9日）

习近平总书记说："教师重要，就在于教师的工作是塑造灵魂、塑造生命、塑造人的工作。一个人遇到好老师是人生的幸运，一个学校拥有好老师是学校的光荣，一个民族源源不断涌现出一批又一批好老师则是民族的希望。国家繁荣、民族振兴、教育发展，需要我们大力培养造就一支师德高尚、业务精湛、结构合理、充满活力的高素质专业化教师队伍，需要涌现一大批好老师。"

在这一讲话中，总书记提出了"四有好教师"的要求：第一，做好教师，要有理想信念。第二，做好教师，要有道德情操。第三，做好教师，要有扎实的学识。第四，做好教师，要有仁爱之心。

---

① 本文是2018年7月在重庆市高职院校新入职教师岗前培训班上的讲课提纲，此次有补充。

2.《中共中央国务院关于全面深化新时代教师队伍建设改革的意见》（以下简称《意见》）（2018年1月20日）

《意见》中指出，"教师承担着传播知识、传播思想、传播真理的历史使命，肩负着塑造灵魂、塑造生命、塑造人的时代重任，是教育发展的第一资源，是国家富强、民族振兴、人民幸福的重要基石。"

《意见》中强调，要"突出师德。把提高教师思想政治素质和职业道德水平摆在首要位置，把社会主义核心价值观贯穿教书育人全过程，突出全员全方位全过程师德养成，推动教师成为先进思想文化的传播者、党执政的坚定支持者、学生健康成长的指导者"。要"提高思想政治素质。加强理想信念教育，深入学习领会习近平新时代中国特色社会主义思想，引导教师树立正确的历史观、民族观、国家观、文化观，坚定中国特色社会主义道路自信、理论自信、制度自信、文化自信。引导教师准确理解和把握社会主义核心价值观的深刻内涵，增强价值判断、选择、塑造能力，带头践行社会主义核心价值观。引导广大教师充分认识中国教育辉煌成就，扎根中国大地，办好中国教育"。要"健全师德建设长效机制，推动师德建设常态化长效化，创新师德教育，完善师德规范，引导广大教师以德立身、以德立学、以德施教、以德育德，坚持教书与育人相统一、言传与身教相统一、潜心问道与关注社会相统一、学术自由与学术规范相统一，争做'四有'好教师，全心全意做学生锤炼品格、学习知识、创新思维、奉献祖国的引路人"。

3. 习近平总书记在北京大学师生座谈会上的讲话（2018年5月2日）

习近平总书记指出："人才培养，关键在教师。教师队伍素质直接决定着大学办学能力和水平。建设社会主义现代化强国，需要一大批各方面各领域的优秀人才。这对我们教师队伍能力和水平提出了新的更高的要求。同样，随着信息化不断发展，知识获取方式和传授方式、教和学关系都发生了革命性变化。这也对教师队伍能力和水平提出了新的更高的要求。"

习近平总书记说："建设政治素质过硬、业务能力精湛、育人水平高超的高素质教师队伍是大学建设的基础性工作。要从培养社会主义建设者和接班人的高度，考虑大学师资队伍的素质要求、人员构成、培训体系等。高素质教师队伍是由一个一个好老师组成的，也是由一个一个好老师带出来的。

2014年教师节时我同北京师范大学的师生代表座谈时就如何做一名好老师提出了4点要求，即要有理想信念、有道德情操、有扎实学识、有仁爱之心。我今天再强调一下。"

4. 习近平总书记在全国教育大会上的重要讲话（2018年9月10日）

习近平总书记强调，"建设社会主义现代化强国，对教师队伍建设提出新的更高要求，也对全党全社会尊师重教提出新的更高要求。""人民教师无上光荣，每个教师都要珍惜这份光荣，爱惜这份职业，严格要求自己，不断完善自己。做老师就要执着于教书育人，有热爱教育的定力、淡泊名利的坚守。随着办学条件不断改善，教育投入要更多向教师倾斜，不断提高教师待遇，让广大教师安心从教、热心从教。对教师队伍中存在的问题，要坚决依法依纪予以严惩。"

5.《新时代高校教师职业行为十项准则》（2018年10月）

为深入贯彻习近平新时代中国特色社会主义思想和党的十九大精神，深入贯彻落实全国教育大会精神，扎实推进《中共中央国务院关于全面深化新时代教师队伍建设改革的意见》的实施，进一步加强师德师风建设，2018年10月，教育部研究制定了《新时代高校教师职业行为十项准则》。全文如下：

"教师是人类灵魂的工程师，是人类文明的传承者。长期以来，广大教师贯彻党的教育方针，教书育人，呕心沥血，默默奉献，为国家发展和民族振兴做出了重大贡献。新时代对广大教师落实立德树人根本任务提出新的更高要求，为进一步增强教师的责任感、使命感、荣誉感，规范职业行为，明确师德底线，引导广大教师努力成为有理想信念、有道德情操、有扎实学识、有仁爱之心的好老师，着力培养德智体美劳全面发展的社会主义建设者和接班人，特制定以下准则。

（1）坚定政治方向。坚持以习近平新时代中国特色社会主义思想为指导，拥护中国共产党的领导，贯彻党的教育方针；不得在教育教学活动中及其他场合有损害党中央权威、违背党的路线方针政策的言行。

（2）自觉爱国守法。忠于祖国，忠于人民，恪守宪法原则，遵守法律法规，依法履行教师职责；不得损害国家利益、社会公共利益，或违背社会公序良俗。

（3）传播优秀文化。带头践行社会主义核心价值观，弘扬真善美，传递正能量；不得通过课堂、论坛、讲座、信息网络及其他渠道发表、转发错误观点，或编造散布虚假信息、不良信息。

（4）潜心教书育人。落实立德树人根本任务，遵循教育规律和学生成长规律，因材施教，教学相长；不得违反教学纪律，敷衍教学，或擅自从事影响教育教学本职工作的兼职兼薪行为。

（5）关心爱护学生。严慈相济，诲人不倦，真心关爱学生，严格要求学生，做学生的良师益友；不得要求学生从事与教学、科研、社会服务无关的事宜。

（6）坚持言行雅正。为人师表，以身作则，举止文明，作风正派，自重自爱；不得与学生发生任何不正当关系，严禁任何形式的猥亵、性骚扰行为。

（7）遵守学术规范。严谨治学，力戒浮躁，潜心问道，勇于探索，坚守学术良知，反对学术不端；不得抄袭剽窃、篡改侵吞他人学术成果，或滥用学术资源和学术影响。

25

（8）秉持公平诚信。坚持原则，处事公道，光明磊落，为人正直；不得在招生、考试、推优、保研、就业及绩效考核、岗位聘用、职称评聘、评优评奖等工作中徇私舞弊、弄虚作假。

（9）坚守廉洁自律。严于律己，清廉从教；不得索要、收受学生及家长财物，不得参加由学生及家长付费的宴请、旅游、娱乐休闲等活动，或利用家长资源谋取私利。

（10）积极奉献社会。履行社会责任，贡献聪明才智，树立正确义利观；不得假公济私，擅自利用学校名义或校名、校徽、专利、场所等资源谋取个人利益。

小结：教师不好当，好教师更不好当，并不是谁都可以当教师——没有哪一个职业像教师这样被寄予如此多、如此高、如此严格的期待和要求！

习近平总书记讲，要"让教师成为让人羡慕的职业"，而要想让人羡慕，必先比别人付出更多的艰辛，作为教师，应对自己有严格要求，因为好教师是有共性的！

共性体现在哪些方面呢？

《教育部关于深化高校教师考核评价制度改革的指导意见》（教师〔2016〕7号）（2016年8月25日）中指出，要"以师德为先、教学为要、科研为基、发展为本"为基本要求，"坚持全面考核与突出重点相结合，全面考核教师的师德师风、教育教学、科学研究、社会服务、专业发展等内容。"

《中共中央办公厅国务院办公厅关于分类推进人才评价机制改革的指导意见》（2018年2月）中指出，要"坚持立德树人，把教书育人作为教育人才评价的核心内容。深化高校教师评价制度改革，坚持社会主义办学方向，坚持思想政治素质和业务能力双重考察、全面考核和突出重点相结合，注重对师德师风、教育教学、科学研究、社会服务、专业发展的综合评价"。

不难发现，共性体现在师德师风、教育教学、科学研究、社会服务、专业发展等方面。为此，我主要从教书育人、科学研究、社会服务、文化传承与创新几方面和大家交流教师的基本素养与职责。

二、教师的基本素养与职责

（一）教书育人

教书育人不只是课堂上传授知识、课后与学生交友谈心。教书是手段、育人是目的，两者统一于教师教育教学工作的方方面面。

教书与育人的统一可以从职业道德与形象、教育教学水平、师生关系三个方面体现出来。

1. 教师的职业道德与形象

一位师德上失衡的教师远比一位教学水平低下的教师可怕。

习近平总书记在同北京师范大学师生代表座谈时的讲话（2014年9月9日）中说道："做好老师，要有道德情操。老师的人格力量和人格魅力是成功教育的重要条件。'师也者，教之以事而喻诸德者也。'老师对学生的影响，离不开老师的学识和能力，更离不开老师为人处世、于国于民、于公于私所持的价值观。一个老师如果在是非、曲直、善恶、义利、得失等方面老出问题，怎么能担起立德树人的责任？广大教师必须率先垂范、以身作则，引导和帮助学生把握好人生方向，特别是引导和帮助青少年学生扣好人生的第一粒扣子。'师者，人之模范也。'教师的职业特性决定了教师必须是道德高尚的人群。合格的老师首先应该是道德上的合格者，好老师首先应该是以德施教、以德立身的楷模。师者为师亦为范，学高为师，德高为范。老师是学生道德修养的镜子。好老师应该取法乎上、见贤思齐，不断提高道德修养，提升人格品质，并把正确的道德观传授给学生。""师德是深厚的知识修养和文化品位的体现。师德需要教育培养，更需要老师自我修养。做一个高尚的人、纯粹的人、脱离了低级趣味的人，应该是每一个老师的不懈追求和行为常态。好老师要有'捧着一颗心来，不带半根草去'的奉献精神，自觉坚守精神家园、坚守人格底线，带头弘扬社会主义道德和中华传统美德，以自己的模范行为影响和带动学生。""老师要有'衣带渐宽终不悔，为伊消得人憔悴'的精神，兢兢业业做好工作。做老师，最好的回报是学生成人成才，桃李满天下。想想无数孩子在自己的教育下学到知识、学会做人、事业有成、生活幸福，那是何等让人舒心、让人骄傲的成就。"

习近平总书记在北京大学师生座谈会上的讲话（2018年5月2日）中指出，"评价教师队伍素质的第一标准应该是师德师风。要引导教师把教书育人和自我修养结合起来，做到以德立身、以德立学、以德施教。师德是深厚的知识修养和文化品位的体现。师德需要教育培养，更需要老师自我修养。"

为此，我把教师的职业道德与形象概括为："旗正爱国、守法脑清""为人师表、格调高尚""敬业爱生、无私无畏。"强调教师的师德，是为了塑造学生品德、净化学生灵魂、引领学生成长，传递人间正能量。

（1）旗正爱国、守法脑清。旗正爱国，是指教师要旗帜鲜明地拥护中国共产党的领导，拥护中国特色社会主义制度，要热爱中国共产党领导的中华人民共和国，热爱中国人民。

习近平总书记说，"做好老师，要有理想信念。陶行知先生说，教师是'千教万教，教人求真'，学生是'千学万学，学做真人'。老师肩负着培养下一代的重要责任。正确的理想信念是教书育人、播种未来的指路明灯。不能想象一个没有正确理想信念的人能够成为好老师。唐代韩愈说：'师者，所以传道授业解惑也。''传道'是第一位的。一个老师，如果只

知道'授业''解惑'而不'传道'，不能说这个老师是完全称职的，充其量只能是'经师''句读之师'，而非'人师'了。古人云：'经师易求，人师难得。'一个优秀的老师，应该是'经师'和'人师'的统一，既要精于'授业''解惑'，更要以'传道'为责任和使命。好老师心中要有国家和民族，要明确意识到肩负的国家使命和社会责任。"总书记强调："我们的教育是为人民服务、为中国特色社会主义服务、为改革开放和社会主义现代化建设服务的，党和人民需要培养的是社会主义事业建设者和接班人。好老师的理想信念应该以这一要求为基准。广大教师要始终同党和人民站在一起，自觉做中国特色社会主义的坚定信仰者和忠实实践者，忠诚于党和人民的教育事业，自觉把党的教育方针贯彻到教学管理工作全过程，严肃认真对待自己的职责。要注重加强中国特色社会主义理论体系的学习，加深对中国特色社会主义的思想认同、理论认同、情感认同，不断增强道路自信、理论自信、制度自信，积极引导学生热爱祖国、热爱人民、热爱中国共产党。好老师应该做中国特色社会主义共同理想和中华民族伟大复兴中国梦的积极传播者，帮助学生筑梦、追梦、圆梦，让一代又一代年轻人都成为实现我们民族梦想的正能量。"总书记希望"广大教师要用好课堂讲坛，用好校园阵地，用自己的行动倡导社会主义核心价值观，用自己的学识、阅历、经验点燃学生对真善美的向往，使社会主义核心价值观润物细无声地浸润学生们的心田、转化为日常行为，增强学生的价值判断能力、价值选择能力、价值塑造能力，引领学生健康成长"。

守法脑清，是指教师要自觉遵守宪法和法律法规，维护社会稳定与校园和谐，要能做到"学术研究无禁区但有规矩、课堂讲授有纪律要遵守"，不得有损害国家利益和不利于学生健康成长的言行。教师要在课堂上教育管理学生，首先要带头遵守课堂纪律。《教育部关于深化高校教师考核评价制度改革的指导意见》（教师〔2016〕7号）指出，要"强化课堂教学纪律考核。把坚持党的基本路线作为教学基本要求，坚持正确的育人导向，严格高校课堂教学纪律，加强对教师课堂教学活动、教学实践环节等的督导力度。对在课堂传播违法、有害观点和言论的，依纪依法严肃处理"。

（2）为人师表、格调高尚。具体要求：模范遵守社会公德，引领社会风尚;言雅行正、举止文明、衣着得体、仪表大方;自尊自律,清廉从教,淡泊名利,志存高远;持续学习,有健康的业余爱好。

(3)敬业爱生、无私无畏。敬业,就是热爱教育事业,热爱自己的岗位,就是总书记要求的"好老师的道德情操最终要体现到对所从事职业的忠诚和热爱上来。好老师应该执着于教书育人。我们常说干一行爱一行,做老师就要热爱教育工作,不能把教育岗位仅仅作为一个养家糊口的职业。有了为事业奋斗的志向,才能在老师这个岗位上干得有滋有味,干出好成绩。如果身在学校却心在商场或心在官场,在金钱、物欲、名利同人格的较量中把握不住自己,那是当不好老师的"。爱生,就是要尊重学生、善待学生、帮助学生、诲人不倦。无私,就是能甘为人梯、襟怀坦荡,能宽容学生的错误并帮助改正。教师要有理性平和的健康心态——包容学生的缺点,能及时、冷静地处理和学生的矛盾,不与学生发生冲突。无畏,就是敢于坚持真理、修正错误,敢于同不良行为和错误倾向做斗争。

习近平总书记讲道:"做好老师,要有仁爱之心。教育是一门'仁而爱人'的事业,爱是教育的灵魂,没有爱就没有教育。好老师应该是仁师,没有爱心的人不可能成为好老师。高尔基说:'谁爱孩子,孩子就爱谁。只有爱孩子的人,他才可以教育孩子。'教育风格可以各显身手,但爱是永恒的主题。爱心是学生打开知识之门、启迪心智的开始,爱心能够滋润浇开学生美丽的心灵之花。老师的爱,既包括爱岗位、爱学生,也包括爱一切美好的事物。""有人说,好老师的眼神应该是慈爱、友善、温情的,透着智慧、透着真情。好老师对学生的教育和引导应该是充满爱心和信任的,在严爱相济的前提下晓之以理、动之以情,让学生'亲其师''信其道'。好老师要用爱培育爱、激发爱、传播爱,通过真情、真心、真诚拉近同学生的距离,滋润学生的心田,使自己成为学生的好朋友和贴心人。好老师应该把自己的温暖和情感倾注到每一个学生身上,用欣赏增强学生的信心,用信任树立学生的自尊,让每一个学生都健康成长,让每一个学生都享受成功的喜悦"。

总书记告诫我们,"有爱才有责任。好老师应该懂得,选择当老师就选择了责任,就要尽到教书育人、立德树人的责任,并把这种责任体现到平凡、普通、细微的教学管理之中。正是因为爱教育、爱学生,我们很多老师

才有了用一辈子备一堂课、用一辈子在三尺讲台默默奉献的力量，才有了在学生遇到危难时挺身而出的勇气，才有了敢于攻克新知新学的锐气。老师责任心有多大，人生舞台就有多大"。

总书记强调："老师还要具有尊重学生、理解学生、宽容学生的品质。离开了尊重、理解、宽容同样谈不上教育。'学而不厌、诲人不倦'，有教无类，因材施教，教也多术，就是要求老师具有尊重、理解、宽容的品质。这本身就是一种伟大的教育力量。受到尊重、得到理解、得到宽容，是每一个人在人生各阶段都不可缺少的心理需要，儿童和青少年更是如此。一些调查材料反映，尊重学生越来越成为好老师的重要标准。好老师应该懂得既尊重学生，使学生充满自信、昂首挺胸，又通过尊重学生的言传身教教育学生尊重他人。"

总书记说，"世界上没有两片完全相同的树叶，老师面对的是一个个性格爱好、脾气秉性、兴趣特长、家庭情况、学习状况不一的学生，必须精心加以引导和培育，不能因为有的学生不讨自己喜欢、不对自己胃口就冷淡、排斥，更不能把学生分为三六九等。对所谓的'差生'甚至问题学生，老师更应该多一些理解和帮助。老师在学生心目中具有重要位置，老师无意间的一句话，可能造就一个天才，也可能毁灭一个天才。好老师一定要平等对待每一个学生，尊重学生的个性，理解学生的情感，包容学生的缺点和不足，善于发现每一个学生的长处和闪光点，让所有学生都成长为有用之才"。

2. 教师的教育教学水平

教师的教育教学水平可以从知识结构、能力水平、心理素质三个方面反映出来。

（1）教师应具备的知识结构。总书记讲，好教师，应该有扎实学识。老师自古就被称为"智者"。俗话说，前人强不如后人强，家庭如此，国家、民族更是如此。只有我们的孩子们学好知识了，学好本领了，懂得更多了，他们才能更强，我们的国家、民族才能更强。扎实的知识功底、过硬的教学能力、勤勉的教学态度、科学的教学方法是教师的基本素质，其中知识是根本基础。学生往往可以原谅教师严厉刻板，但不能原谅教师学识浅薄。知识储备不足、视野不够，教学中必然捉襟见肘，更谈不上游刃有余。在信息时代做好教师，自己所知道的必须大大超过要教给学生的范围，不仅要有胜任教学的专业知识，还要有广博的通用知识和宽阔的胸怀视野。好教师还应该是智慧型的教师，具备学习、处世、生活、育人的智慧，既授人以鱼，又授人以渔，能够在各方面给学生以帮助和指导。教师要始终处于学习状态，站在知识发展前沿，刻苦钻研、严谨笃学，不断充实、拓展、提高自己。过去讲，要给学生一碗水，教师要有一桶水，现在看，这个要求已经不够了，应该是要有一潭水。

由此可见，教师的知识结构可以分为以下三个部分：

学科专业知识——本体性知识，是关于教什么的知识，反映基本功，对学生的学习影响力最强。

教育学方面的知识——条件性知识，关于怎么教的知识。例如，新的教育教学理念、教学的基本原理、教学方法论等。

相关学科知识——实践性知识，是关于教得好的知识，提升教学效果。例如，心理学、管理学、美学、所带学生所学专业知识、计算机及互联网知识等。

（2）教师应具备的能力。教师应具备的能力主要有：

宣传表达能力——书面表达（备课）、口头表达与形象表达（讲课）。

课堂管理能力——适时调整教学计划、激励学生参与教学过程、调节课堂气氛、维持课堂秩序。

信息技术应用能力——运用网络教学资源、信息化工具实施翻转课堂、运用新软件制作课件。

教育科研能力——研究教学内容、教学对象、教学方法、教学手段、考评方式等，在教学中发现问题、解决问题的能力。

专业应用、实践能力——"双师型"。教育部要求，职业院校专业课教师每5年到企业顶岗实践不少于6个月。

上述教师的这些能力主要体现在课前、课中、课后三个环节，具体如下：

课前——准备认真：备学生（了解学生的专业培养方案、学生基础和前期课程）、备重点（多一些教学辅助资料）、备自己（自己的水平能讲哪

些、如何讲才能说服自己且让学生听得懂）。

课堂——随机应变：随时关注学生的接受情况、调整自己的教学方法（包括语速、语调、进度、提问的方式等），一定要管理课堂、引导教育管理学生。

课后——及时反思：将在讲课过程中发现的问题和好的方法、思路记录下来，在下一次上课时加以改进。

以上三个环节，我认为，课前准备最重要，课堂管理见真功，课后反思促提高。正如《麦可思》研究（2015年5月）通过调研分析所得出的，影响学生学习收获的要素根据强弱度依次为：教师的学科知识（强）、教师的教学设计（强）、课堂氛围（中）、课堂管理（中）、教师的信心（少）、教师的职业行为（少）。

环节一：课前准备（教学设计）最重要

怎么备课？备课（教学设计）三要点：一是讲什么——教学内容；二是为什么要讲、讲到什么程度——教学目标/目的；三是怎么讲——教学方法和手段。这三个方面是备课时一定要反复思考的，也是教案、讲义的核心内容。

具体地讲，教学设计有七要素：

① 这节课的教学内容有哪些？目的和要求是什么？主要解决哪些问题？

② 这节课的主要知识点有哪些？与上次课有什么联系？为下堂课做了什么准备？

③ 这节课的教学重难点是什么？培养学生哪些方面的能力？

④ 授课的总体思路是什么？授课内容如何导入、开展、深入？怎样突出重点？怎样化解难点？哪些内容重点讲？哪些内容留给学生自学？

⑤ 采用什么样的教学方法？怎样组织语言？要准备哪些案例？要不要提问？提几个问题？答案唯一吗？学生会如何回答？如何引导归纳可能出现的答案？

⑥ 板书怎么设计？课件怎么展示？板书和课件如何整合到一起？

⑦ 如何结束本次课？结束之前预留机动时间和学生交流吗？布置作业吗？布置哪些作业？完成作业的要求有哪些？

以我的教学实践为例，2003年7月份研究生毕业后进入教师岗位，接到的第一门课是"政治经济学"，我把考研、专升本、自学考试各种类型"政治经济学"教材、试题等尽可能地买到手，利用假期一章一章地编写讲义和习题集——全部习题都能做对这一章就算通过。凡是每个教材中都有的知识点就是我要给学生讲的重点。假期完成全部教案，每次上课前再温习一遍。一轮下来，讲义、课件、习题全部电子化了，一部教材也就出来了。

试讲：假期和周末把洗衣机搬到客厅当讲台，在我讲时，爱人一边做家务一边听我讲，我觉得不通顺或者她认为没听懂的地方马上停下来探讨，改好后重新讲。一轮下来，基本上全部内容包括定义都熟记于心，学生面前完全脱稿。

环节二：课堂管理见真功

我认为，教师是第一课堂上的辅导员，课上要加强管理、教育、引导学生的思想和行为，课后加强与专职辅导员的沟通，反馈学生出勤、上课情况；辅导员是第二课堂上的教师，要主动告知任课教师本班学生的基本情况和学生反馈的一些信息，在育人方面与任课教师保持一致，这样，第二课堂与第一课堂才能形成教育合力。

任何一门课的教师，都有在课堂上育人的职责。《高校思想政治工作质量提升工程实施纲要》（教党〔2017〕62号）指出，要"梳理各门专业课程所蕴含的思想政治教育元素和所承载的思想政治教育功能，融入课堂教学各环节，实现思想政治教育与知识体系教育的有机统一"。要"发挥专业教师课程育人的主体作用，健全课程育人管理、运行体制，将课程育人作为教师思想政治工作的重要环节，作为教学督导和教师绩效考核的重要方面"。

教师在课堂上的育人体现在哪些方面呢？主要有提醒学生认真听课，加强课堂教学纪律要求和考核；加强作业和考试要求，对学生仁爱、公正；利用课程内容中的育人元素有针对性地进行教育；带头遵守教学纪律，用自身的良好风尚引导学生积极向上。教师在课堂上要有一些善意的"废话"，比如利用一切可以利用的机会告知学生要学会怎样做人、做事、与人相处、学习等，帮助学生树立一个基本的是非观和价值观。

当然，一个教师能有效吸地引学生听课才是关键，为此，教师要树立"以学生为中心、以学生的学习为中心、以学生的学习效果为中心"的理

念——教师在教育教学过程中不应该过分关注教学任务的完成，而应该关心学生是否学到了他该学的内容；教师的任务不仅要向学生传授知识，而且要用适合学生实际的手段、方法去引导和教会学生用已有的知识去学习新的知识。

① 课堂导入类型多。直接导入：直接阐明本堂课的主题和教学目标；直观导入：用实物、模型、图片、音视频等直观手段，吸引学生进入学习情境；问题导入：思维总是从问题开始的，用问题使学生产生疑惑和学习欲望；以旧带新：复习旧知识，合乎逻辑、顺理成章引出新知识；实验导入：适合于实践教学；案例（故事）导入：通过讲述案例或故事引出知识点。

② 课堂讲解学问深。概念、原理、法则等的解释要简单明了，能为后面的具体应用做铺垫；板书要分展示区（展示内容能完整保留到下课，层次清楚、重点突出、内容简练）、演示区（即打草稿的地方，讲完即可擦掉）；每隔15分钟必须有话题转化或声音变化。

③ 课堂提问有艺术。提问类型：回忆提问、理解提问、运用提问、综合提问；提问目的：启发思维、吸引和维持学生注意力、反馈教学信息、活跃课堂气氛、提高学生对课堂的参与度、激发想象；基本要求：不滥问，问在关键处；循序渐进、逐步引导；从学生角度和学生一起思考；不惩罚不会回答或回答错误的学生。好的课堂不是一团和气，也不在于有问有答，而在于教师逻辑清晰、讲解生动、重点突出，学生在教师的引导下思维活跃、有所收获（潜移默化的影响比记住知识点更重要）。

④ 结束课堂有讲究。总结要点、首尾照应；归纳方法、建立体系；设置悬念、激发兴趣；提出要求、拓展延伸。

环节三：课后反思促提高

课后反思包括两点：一是每次课后的反思，自己的方法是否合适？进度是否合适？哪些地方需要调整？等等。二是每学期一门课程全部结束之后的教学总结。课后反思的内容主要有：

① 教学内容是否精炼。教师要清楚，不是教材写什么教师就教什么，也不是教师教什么学生就学什么，而应该是实现专业培养目标，需要学生学什么教师就去教什么，内容不在多，而在于"有用、可用、管用"，教材在

这里仅仅是教学材料。

② 教学中如何体现问题意识和问题导向。例如，可以在课程开始时向学生提问，收集问题；备课时，将问题归到课程各个章节之下，有针对性地开展教学；在讲课过程中随时根据学生提出的问题和学生对所学知识的掌握情况调整教学进度和难度；课程结束后，再让学生提出新一轮问题，哪些已经解决、哪些是新的问题，哪些还未解决，为下一轮的教学做准备。

③ 考评方法怎么改。一是严格要求和管理学生，加大平时考核力度，变末端考核为过程监控，加大学生平时学习压力；二是用实验操作、工艺设计、现场模拟、心得汇报、成果展示、案例分析等代替一纸试卷定成绩的做法，变知识考试为能力考核：职业能力考核与人才培养目标的达成度、课程考核与课程标准的达成度。从保证质量的角度出发，不管什么形式的考核评价，教师都应该有命题计划、试题说明和成绩评定标准、过程（包括成绩评定）记录（纸质、电子、光盘、实物等形式）、试卷分析、课程总结等。需要注意的是，考试课既不等于闭卷考试，考查课也不等于开卷考试。课程的考核评价方式与标准应由课程组在课程标准（教学大纲）中明确规定。

④ 教学手段的革新是否跟得上形势。比如，线上线下相结合，实施翻转课堂、自建学习空间。教育部等部门在《构建利用信息化手段扩大优质教育资源覆盖面有效机制的实施方案》（2014年11月16日）中就提出："高等学校要实现90%以上师生拥有实名网络学习空间；教师信息技术应用能力和水平显著提升。网络学习空间应用普及化。"

这里，向大家提一个问题，让学生提前自学，教师最担心的是什么？有教师说："是学生不去预习或是不好好预习！"那请问怎样知道学生有没有预习？效果如何？有教师说："提问！"那请问提问能把全部学生的情况了解到位吗？根据平时表现给平时成绩，平时表现又怎么收集？如何能在课堂上随时知道学生是否理解了所讲知识点？

应用信息技术，就能有效地解决这些问题。现在这样的教学工具已经很多，利用它们开展翻转课堂教学，效果是非常好的。

在我看来，翻转课堂，就是把之前以教师课堂上讲为主反转为学生课下学为主，课堂主要用来讨论、解决重难点和大多数学生没学懂的知识点。有

了信息化的教学工具，就能对学生的学习过程进行督促、监控、分析，就能让学生参与教学，使课堂更加有针对性，从而课堂效果会更好。

我有这样一个观点，网络课程、信息化的教学工具，如雨课堂、云课堂等，终有一天会淘汰课堂教学效果差的教师。因此，作为教师要想不被淘汰，就需要主动学习、主动应用，积极改革教学内容与方法，使自己的教学（内容、方法、考核）具有特色。

（3）教师应具备的心理素质。

教师的心理素质可以增强教学艺术、形成教学风格。

教师应具备的心理素质主要有正常的思维——学生和同事愿意和你一起交流；积极的情绪——能够吸引、感染更多的人；真诚的情感——热爱工作、关爱学生；良好的性格——自信自尊、豁达开朗、幽默乐观；广泛的兴趣——习惯良好、情趣高雅；坚强的意志——不畏挫折、耐心细致、包容学生。

3. 师生关系

生产力决定生产关系，生产关系反作用于生产力。同样，一个教师，教学能力再强，如果不能处理好与学生的关系，教学效果将会大打折扣。

怎样形成和谐的师生关系呢？我觉得应该做到以下要求：尊重学生个性，真心关爱学生，严格要求学生，公正对待学生；课堂上是教师，课后是朋友，不损害学生和学校的合法权益，不拒绝学生的合理要求；因材施教，严慈相济，诲人不倦；教学相长，师不必强于弟子、弟子不必不如师；不训斥、辱骂学生，和学生开玩笑要有度。

我的学生观是"对学生严格要求但不为难，尊重理解但不迁就，鼓励支持但不放任"。传授知识不是我们的最终使命，用我们传递给学生的一种为人处世之道、思维学习方式（有时可能是一句不经意地点拨、提醒），改变、影响他们一生才是我们的真正使命。同时，我们也要明白，教育不是万能的（还需要管理），教师也不是全能的（尽力而为、量力而行，凭良心和责任心工作）。

在新时代全国高等学校本科教育工作会议（2018年6月21日，四川成都）上，教育部部长提出推进"四个回归"，"一是回归常识。要围绕学生刻苦读书来办教育，引导学生求真学问、练真本领。对大学生要合理'增负'，提升大学生的学业挑战度，激发学生的学习动力和专业志趣，改变轻轻松松就能毕业的情况，真正把内涵建设、质量提升体现在每一个学生的学习成果上。二是回归本分。要引导教师热爱教学、倾心教学、研究教学、潜心教书育人。坚持以师德师风作为教师素质评价的第一标准，在教师专业技术职务晋升中实行本科教学工作考评一票否决制。三是回归初心。要坚持正确的政治方向，促进专业知识教育与思想政治教育相结合，用知识体系教、价值体系育、创新体系做，倾心培养建设者和接班人。四是回归梦想。要推动办学理念创新、组织创新、管理创新和制度创新，倾力实现教育报国、教育强国梦"。"四个回归"，值得我们每一位教育工作者反思和改进！

有学者提出，教师成长需经历三个阶段：第一阶段，"关注生存"阶段。在这一阶段，教师非常关注自己的生存适应性，最担心的问题是"学生喜欢我吗？""同事们如何看我？""领导是否觉得我干得不错？"等。因而可能会把大量的时间都花在如何与学生搞好个人关系上。第二阶段，"关注情境"阶段。在这一阶段，教师关心的是如何教好每一堂课的内容以及班级大小、时间压力和备课材料是否充分等与教学情境有关的问题，如"内容是否充分得当？""如何呈现教学信息？""如何掌握教学时间？"等。第三阶段，"关注学生"阶段，这一阶段，教师主要考虑学生的个别差异，认识到不同发展水平的学生有不同的需要，根据学生的差异采取适当的教学模式，促进学生的发展。

综上所述，"关注学生"是较高阶段，也就是说，形成良好的师生关系最关键的是能否因材施教，即能让学生从我们身上学到他们认为有用的东西，而不是毫无原则地与学生打成一片！

下面分享一下我的教学：

（1）坚持提前5分钟面带微笑进入教室，下课后擦完黑板，在学生离开教室后再离开。

（2）公布自己的联系方式，利用课前、课后几分钟时间以及所公布的联系方式保持和学生的联系。

（3）第一节课时明确告诉学生课程性质、成绩评定标准和课程学习要

求，然后和学生一起执行，最后一节课兑现要求和承诺。

（4）课堂上对学生以鼓励和提醒为主，结合案例穿插一些做人做事的道理，将思想教育融入课堂。

（5）坚持每周至少一次点名，对缺勤的学生向班干部了解情况，对连续缺勤的学生主动找辅导员沟通情况（给予改进的机会，同时注意方式方法）。

（6）了解学生的专业，举例或聊天时尽可能地结合他们的专业，将专业教育融入自己的课堂教学。

（7）标准适当、要求严格，宁可只讲5个知识点让学生记住5个，也不愿讲10个知识点而学生只能记住两三个。

（8）坚持听其他教师的课（不一定是同一门课）。听其他教师如何处理重难点？如何进行课堂管理？如何举例？等等。

（9）坚持阅读本学科专业的学术期刊，平时看到对教学有用的资料就思考怎么融入教学中去，及时更新教学案例、充实讲义。

38

（10）不断总结、反思、改进自己的教学，形成自己的教学风格：用幽默传递快乐、用信息传递智慧、用思维传递方法，让课堂成为享受快乐、获得智慧、掌握方法的殿堂！

（二）科学研究

如果说，站好讲台是教师的立身之本，那么开展科学研究就是教师的发展之基。科研上要有成绩，需做到以下几点：一是要耐得住寂寞和失败，力戒浮躁；二是要舍得投入，包括时间、精力和经济，这是长远投资；三是要形成自己的研究方向，这样成果就会累加，后面的路就会越走越顺。

1. 教学与科研的关系

对于教学型和教学科研型教师而言，教学与科研的关系，我的指导思想是以教学为中心、以科研为先导，用科研促教学。

（1）教育教学研究为改进教学效果服务。教育教学研究主要包括：对学生（思想动态、学习心理等）的分析；对专业建设（人才培养方案、专业方向设置、课程设置、实验实习实训等）的思考；对课程教学内容、方法、考核方式（如"金课"、课程思政）的探索；对教育教学各方面（如办学模式、队伍建设、学生管理、课堂教学、质量管理）的感悟与思考；对国家职业教育政策文件的研读；对校内外、国内外有影响的事件评析。

（2）学术研究最好能为教学服务。学术研究主要有基础研究（纯理论研究）、应用研究、综合研究；从教学内容、工作实际、社会实际、生产实际中寻找科研内容，科研成果再转化为教学内容，以科研促教学——有自己的研究，讲起课来才会底气十足。

2. 如何撰写论文

人人都是研究者，每一项工作都是研究对象。工作经验体会可以总结提炼，工作改进设想可以大胆畅谈，不一定要有创新，但思路和结构要清晰，文笔要流畅，最关键的是不能抄袭。

（1）针对自己发现的问题或想解决的问题、拟研究的主题，瞄准拟投杂志，从中或从比它更高级别的刊物上下载至少10篇相关主题的文章进行精读，然后以这些文章为参考文献整理出自己的思路——框架初现。

（2）采取"剪刀加糨糊"的办法把来自那10余篇文章中的文字粘贴到框架之中——毛坯稿出炉。

（3）对着电脑，用自己习惯的表达方式，一句一句地修改毛坯稿（减少重复率）——初稿诞生。

（4）反复修改、润色，最好是打印出来以通读的方式修改（要符合拟投刊物的格式要求，因为不同的杂志要求不同）——投稿。

（5）主动和编辑部联系，不要怕反复修改，能让修改，说明还有希望。这个期刊不录用，可以换投另一个刊物——总有成功的一天。

（6）一有灵感就趁热打铁，没有灵感也要挖掘灵感。越写脑子越活，头脑越活就越想写——工作思路逐渐清晰，工作能力和质量也会随之提高。

3. 如何申报课题

（1）要有前期成果积累（围绕自己的专业和教学）。有了前期发表的系列相关论文，就可以申报一个课题——一定要有"好事多磨"的心理准备。

（2）讲师以下先参与其他教师的课题，写一些文章做铺垫。

（3）讲师可主持申报课题（一般需要两名副高以上职称的教师填写推荐意见），但要联合和自己研究方向相同的几个教师组成一个团队。

（4）不同的项目类别对选题的要求不同，因此我们需做到以下几点：一是认真研读文件中所写的立项原则，最好能按选题指南申报；二是从网上查找往年批准的课题名单，看看往年什么样的题目被立项，从中琢磨自己的选题是否符合该项目主管单位的要求。

（5）年轻教师如果担心自己资历不够，可以请有高级职称的教师担任主持人，给予指导，但具体工作还是需要自己去做。

我们一定要清醒地认识到，评价指标不以论文、课题、学历为标准，但不等于不需要论文、课题、学历！因为学历、课题、论文在一定程度上能反映我们的知识储备及思考问题的程度和水平。坚持写论文能提升我们的阅读能力、分析思考问题的能力、逻辑能力、表达能力，能提升我们的教学水平！

（三）社会服务

我认为，社会服务概念应该扩大，以下这些都可以是社会服务：积极参与学生志愿者活动的带队活动；热心校内外公益活动，服务大众；参与并指导学生的第二课堂、社会实践、技能竞赛、文艺活动、社团活动、创新创业等活动；参与并认真完成学校、二级院（系）、教研室等的活动；积极支持、引进并参与院系承接的校内外各类技能培训、合作交流、技术咨询（服务）等项目，自觉承担社会义务，积极提供专业服务。

例如，教师〔2016〕7号文件指出，"综合考评教师社会服务。突出社会效益和长远利益，综合评价教师参与学科建设、人才培训、科技推广、专家咨询和承担公共学术事务等方面的工作……充分认可教师在政府政策咨询、智库建设、在新闻媒体及网络上发表引领性文章方面的贡献。建立健全对教师及团队参与社会服务工作相关的经费使用和利益分配方面的激励机制"。

（四）文化传承与创新

这里强调两句话：传承人文精神、延续民族血脉；传播现代理念、弘扬创新精神。

教师职业的欢乐或收获不仅来自学生的成长、论文的发表、课题的批准、工资的晋升，教师的每一节课都是充满创造的过程，日常工作本身也蕴含着职业的快乐：教育教学过程中对知识的活化，对学生心理变化的敏锐感受，对教育时机的及时把握，对教育矛盾和冲突的巧妙化解等。这些都是教师创造力的表现，我们完全可以也应该在这个过程中体会到职业内在的尊严和欢乐！

让我们在教书育人、科学研究、服务社会、文化传承创新中，享受教师职业"用知识丰富知识、用思路引导思路，用能力提高能力，用品德感染品德，用智慧启迪智慧，用情感激发情感，用意志调节意志，用个性影响个性，用心灵呼应心灵，用灵魂塑造灵魂，用人格影响人格"所带来的自身生命力焕发的欢乐！

让我们一起做有理想信念、有道德情操、有扎实学识、有仁爱之心的"四有"好教师！

教师要抓课堂纪律，提升课堂吸引力，在课堂上育人①

当前，全院上下都在整顿工作纪律和作风，都在推进职业素质教育！教师是育人的主体，教学纪律和教风的好坏直接决定学习纪律和学风的好坏。我分管教学，有义务在自己的分管领域为学校整体工作尽自己的责任，所以我主动请缨，开这个会，并利用这个会议，结合自己的一些做法，和大家交流，谈谈我的一些看法。交流的主题：教师要抓课堂纪律，提升课堂吸引力，在课堂上育人。

这两年学校发展非常快，教师引进力度前所未有，没有教学经验的新教师刚入职就担任主讲，由于对教学的把握需要时间和精力，所以一些教学经验不足的新教师的课堂对学生的吸引力就显得不足。一些教师上课只管完成教学任务，对学生在课堂上睡觉、玩手机的现象置之不理。公共课和专业基础课教师在授课时不能与学生的专业很好地结合，导致学生学习目的性不强。此外，部分专任教师之间相互听课等教研活动也只是流于形式，不能通过听课来改进教学。

这些现象，总结起来就是教师不管课堂，学生不爱听讲，为减少这些现象，就非常有必要召开此次会议。以抓课堂教学质量为重点，因为没有课堂

---

① 本文是2018年11月为配合学院开展的作风整顿和课堂教学巡视诊断活动而与教师们的交流稿。

质量，就没有一个学校的教育教学质量。这虽然是诸多高校的共性问题，但我们不能坐视不管。

先申明两点：

第一，我今天以一个兼有副院长职务的教师、一个自认为上课还行的教师的身份和在座的各位教师探讨针对这种现象我们该怎么办？需要职能部门做的事情我再和职能部门去沟通，各方面都应该从自己这里找原因，做好自己该做的！

第二，今天所讲的与在座的每一位教师都有关，所以大家都要进行反思。我们中有一部分教师是相当努力且效果很好的；也有教师努力了但还不见成效的，这是意识和能力、方法问题；还有一些教师是在混日子，这是责任心问题！我今天只谈怎么改变意识、交流方法，不上升到师德层面，目的就是帮助大家把课上好，让大家的工作开展越来越顺利！但希望混日子的教师能自觉反思，要有所改变。

一、抓课堂教学纪律，是为了帮助学生养成良好的学习习惯

任课教师是课堂的第一责任人，也就是说，课堂上要育人，这是党和国家对每一位任课教师的要求，学校制度对此也有明确的要求，所以如果自己的课堂存在学生不认真听讲、教师管不住学生等现象，教师首先得找自己的原因，自己想办法解决。在此，我倡议：要在课堂上落实教学纪律——时不时提醒学生，或是改变自己的教学方法，如时不时走下讲台，以提醒让学生集中心思于课堂，这是每个教师都能做到的，也应该做到的。

《学记》上讲："今之教者，呻其占毕，多其讯言，及于数进，而不顾其安，使人不由其诚，教人不尽其材，其施之也悖，其求之也佛。夫然，故隐其学而疾其师，苦其难而不知其益也。虽终其业，其去之必速。教之不刑，其此之由乎。"意思是说，现在的教师教学，老是照本宣科，令学生呆读死记，上课搞"满堂灌"，急于赶进度，却不考虑学生学习能否巩固，不注意学生学习的自觉性，不能发挥学生的聪明才智。采取的措施既不符合教学原则，提出的要求也不从学生的实际出发。这样做，只能导致学生厌恶课业，埋怨教师，视学习为畏途，而不知道学习的好处在哪里。即使学

生勉强结业了，学过的知识也会很快忘得一干二净。教学收不到应有的效果，原因就在于此。

由此可见，学者们早就告诉我们，教师上课一定要目中有人——学生，随时关注学生的学习状态和表情，对听懂了的学生可以再提出高一点儿的要求，对没听懂的学生就在基础知识上不厌其烦地反复讲解，如果只顾赶进度而一头栽进教材或课件中，那么"呻"得再起劲也没有用；教师一定要明确自己所教的课业到底对学生的就业、成长有什么用，并且在课堂上通过自己的讲解让学生真正感到这些内容的确对自己有用。

作为教师，不要担心教学任务完不成。学生不听课，教学任务完成了又有什么用？我们不是为了完成任务而上课，而是为了育人去上课。教师在课堂上教育管理学生，目的是帮助学生养成良好的学习习惯。在课堂上教育学生耽误了教学进度，可以通过调整教学安排和进度来弥补；但不去教育学生就不利于学习风气的好转。所以我每次到教学楼查课，都要单独提醒那些不管课堂纪律的教师；甚至违背了自己的初衷忍不住从教室后面进到课堂提醒那些坐在后面玩手机、睡觉的学生！教师在讲台上讲得那么辛苦，下面学生却一大片在睡觉或是玩手机，双方不在一个频道上，这样下去总不是办法！我以前也遇到过，如果学生大面积走神或反映听不懂，我就会留出半节课，或是利用课余时间，主动和学生交流，听听学生的想法，帮助他们、提醒他们！然后调整自己的教学进度，适应学生的节奏并逐渐引导学生跟上我教学的节奏。学生愿意学了，教学进度自然就快了。

二、抓课堂教学效果，让学生在平时就能重视学习

纪律是形式上的，要抓！但要想持久吸引学生认真听讲，教师还要反思如何让学生重视课堂、吸引学生听课。我觉得要做到以下三点：

（1）正确运用教学方法和手段。对于教师来讲，备课的过程往往不再是备专业知识，而是备怎么讲学生才能听懂，备教师的教学能力和用心程度！教师在课堂上尽量站在学生的角度用学生能听懂的语言，结合现实生活中的案例讲解专业知识。例如，讲重要知识点的时候，提醒学生做笔记；在课堂上多提问、多设置互动或者学生演练环节，让学生脑子动起来，让他们

没时间去开小差；教师定期检查学生的课堂笔记，作为平时成绩；需要学生记住的知识点在课堂上留出10分钟时间让学生背。

平时看到与教学相关的图片、视频、案例及时保存下来，用到课堂上。比如公共基础课教师可以从专业课教师那里找出课程素材作为例子运用到知识传授上。公共课教学效果好，一般取决于两点：一是教师水平的确高，二是对接专业做得好。如果学生能从公共课开始就了解专业，应该会在一定程度上提升学习的积极性。比如专业核心课老师可以从企业现场获取专业发展的核心能力融入自己的教学中。

一些能带到教室的小型仪器、设备就可以带到课堂上演示，让学生有直观感受肯定比对着PPT讲效果好；能进实训室去讲的，就把学生带到实训室去讲。不管专业相关与否，系上能否组织本系教师分批次系统认识一下实训设备，这样说不定哪位教师就可以借助现有实训设备对课程知识点进行讲解，包括公共课教师也应该去各专业的实训中心了解我们的设备，这样和学生交流起来也能有共同语言，很容易拉近和学生的距离，学生就觉得基础课与专业有关系了。这就是公共课既要服务于学生全面素质的提升，又要服务于专业教育。

应用信息化教学手段，至少实现用手机APP来点名，据我了解，有许多教师在用信息化教学工具，如雨课堂、云课堂、学习通、UMU、蓝墨云班课等。有用于点名的，也有用于布置作业的。希望教师能坚持用下去，也希望各系能利用教研室活动组织教师一起交流如何有效地利用APP开展课堂教学，包括课堂教学管理，请有经验的教师分享心得，共同探讨疑惑，带动更多的教师应用信息化工具。当然，不能总是用手机点名，还要时不时地现场点名，这样才能认识、了解学生。

（2）教学内容、课程内容上突出应知应会，让学生知道重点是什么，自己该学什么。简单地说，就是每一门课程包括公共课，都应该有应知应会内容，也就是课程标准（本科叫教学大纲）中规定的本门课程的重点。教师围绕这个来讲课，并把这个应知应会发给学生、告诉学生——这就是你们毕业后一定会用得上的，现在就必须学会。只有教师先弄清楚企业需要什么知识和技能，才能教会学生，学生也才有可能喜欢我们的课堂。每次提问、测

验、考试就围绕这些内容来展开，不断强化总会有一定的效果的。

企业标准是最低标准，所以不是说教师只讲应知应会的内容而不讲其他的内容，为了学懂这些内容肯定还要有一些基础性知识要讲。我所说的应知应会指的是学生非记住不可的内容，不记住他就理解不了，就不会应用。不仅仅是文科类课程，理工类课程也有需要死记硬背的知识点。面试的时候企业提问的也都是一些死记硬背的知识，并没有让学生现场操作！不要被职业教育重视技能所迷惑了，没有基础知识、基本理论做支撑，我们和技能培训有什么区别？当然，还是要一分为二地看问题：能带到实训室讲的肯定比在教室讲更好！能让学生动手肯定比单纯背书好！

（3）加大平时的考核强度，加大学生平时学习压力。教育部部长说，要给大学生合理增负，让他们平时有事做。加大平时考核强度就是为了实现这个目标。我们反对一张试卷定终身，并不是说不要试卷考试，而是说要能通过考试真正让学生把应该掌握的知识点记住、学会。而不是平时不严格，到了期末考试一张试卷定终身，或是用其他形式让学生都及格，结果学生学得并不扎实。所以，我认为要把应知应会的内容落实到平时的测验中去，平时多测试，加大平时测试（如闭卷考试、技能测试）在课程总成绩中的占比；只布置作业，作用不大，因为学生会抄袭其他学生的作业，要想让学生记住，可以在课堂上留出10分钟让学生背并进行抽查。不说100%的学生能做到，大多数学生还是会用心去背、去记，否则前面的知识学不会，越往后面讲，学生越不爱听。这个做法关键在于坚持：从现在就开始，每周背一次，每个月测试一次或者说每一章测试一次。

我以前给学生上课的时候，每节课学习新课之前都要请学生回答上一节课的重点，能背下来的得2分，背得不完整的得1.5分，不能背但能马上找到并读出来的得1分；每一章结束之后就考一次，最后取平均分为本门课最终成绩。开始学生不以为然，后来就适应了，最关键的是影响了后几届学生，上我的课不用讲他们都知道我这门课的平时努力比期末考试重要。当然，这样做教师会辛苦很多，如要改的作业多了。但作为教师，我们都怕辛苦，还怎么去教学生不怕吃苦呢？再者，如果正确运用信息化教学工具，这个事情就好办得多了。

三、对学生要有足够的耐心和包容心，平时要多引导教育，而不是简单地以补考形式解决

一是从心里理解和尊重学生，不责备、埋怨学生，学生学习成绩不好，他们也为此苦恼自责，也想让自己的学习变好，此时，最需要的不是责备，而是帮助。教师的帮助是最好的帮助，我们的学生智商不比别人差，主要差在学习习惯和自控力上。这就需要教师帮助、提醒、监督学生，而不是责备。清楚地告诉学生你怎么做才能及格、才能毕业，教师不能只是提要求，还要教学生方法，并时刻监督、提醒学生去做。

二是不要用考试不及格来为难、威胁、吓唬学生。学生不怕这一点！到我们这类学校的学生，对于不及格早已习以为常了。

三是在教育引导学生的时候能体谅学生，不对学生进行道德评判，多肯定、多鼓励，批评学生可以私下进行！学生的自尊心都比较强，如果我们能多点儿理解和支持，平时多下点儿功夫，让学生在习惯养成、在做人做事方面有所收获，学生反而会感谢教师，感恩学校！如果教师没走进学生的内心而只顾批评指责学生，学生是不会心悦诚服地接受批评的。

学好千日不足，学坏一日有余。良好的学风需要我们共同努力，但不好的学风却是不经意间造成的。例如，教师一方面抱怨学生不爱学习，正考一大堆不及格，可是另一方面在补考、毕业清考时却又不得不放水。这些因放水而及格、毕业的学生会感激学校吗？我不敢肯定，但我敢肯定他们会带坏学风！因为这样会传递出一种信号——正考不及格不要紧，学校最终会让学生拿到毕业证的。大家说，如果一直这样下去，我们的学风能好转吗？这个现象已经引起教育部的高度重视了，"打造金课，杜绝水课"已经从口号走向行动。

因此，教师要尽可能在上课的时候加强学生的教育，尽可能让学生通过自己的努力在正考时就能及格。我们不保证、不承诺每一个学生都能及格、都能正常毕业，但一定要让学生清楚地知道他们怎么做能合格、能正常毕业。

每次补考人数都那么多，每次学籍处理都会有一些学生因为不及格课程过多而不得不退学或留级，这真的只是学生的责任吗？能说明我们对学生严格要求吗？能表明我们的学风建设抓得紧吗？能说明我们的学生学习就很

差吗？都不能！只能说明我们的教育理念出了问题，说明我们对学生的评价方式出现了偏差，没看到学生的长处和优点，只注意到了学生的缺点，完全用考试、用成绩来评价学生，这是不对的，要改变。因为考试是手段不是目的，学籍处理也是手段而不是目的。

当然，我们不能由一个极端走向另外一个极端。今天一说这个事情，然后期末考试的时候不管学生平时表现如何一律及格，或是为了让学生满意，把分数都给得高高的，但学生实际上什么也没学到。这些做法失去了教育的意义。我们既要有教育者的包容心，还要有教育者的公平心。教育不是万能的，对于那些屡劝不改、屡教不改，破罐子破摔的学生，我们还是要严格执行制度，让他们知道没有规矩不成方圆，这也是一种教育。

作为教师，需要反思：我带的这一门课一大堆不及格就能证明我严格要求学生吗？就能说明学生没好好学吗？我认为，更多的是说明教师没教好，说明教师和学生的关系没处理好，说明教师对学生情况掌握不到位。对学生严格不是不让学生及格，而应该是在平时严格要求学生，让学生能重视自己的学习。怎么做？我的建议：平时一发现学生有厌学情绪马上和学生进行沟通，鼓励引导学生，让学生平时一进教室就知道不能偷懒，让学生通过自己的努力在考试中一次就能及格。把工作做在平时、做在过程之中，这才叫有爱的严格，是让学生会记在心里感激的严格。教师要不断地去提醒那些有可能不及格的学生，要及时和辅导员沟通，请辅导员帮忙做他们的工作，提醒学生一定要按照教师的要求加强学习，加强自身的约束。

我倡议：在正考时标准低一点儿，就考查之前已经告诉学生的应知应会知识点，但要求严一点——不能作弊、不能违纪，只要学习态度端正的，教师就不为难学生；但对于那些屡教不改的学生，确实不能及格就不予以及格。我之前当专任教师的时候，第一堂课就会把及格的标准或条件（一般是各类课堂违纪包括缺课、上课开小差被警告不超过6次，考试不作弊）清楚地告诉学生。然后每当有学生没来上课或是上课不听讲或是单元测试不及格，我就要找这些学生进行谈话或是将情况反映给辅导员，提醒他们！哪怕这些学生已经达到了不及格的标准，但如果他们能保证自己不再缺课、不再违纪，且切实做到了，我就会既往不咎，照样给予机会！还有，我会把每次单元测试放在课堂进行，学生在课后就是背记我提出的重点内容。所以，我的课（《政治经济学》，非常难学的一门课）只有极个别学生不及格！不及格的学生也不会怨恨我，因为他知道不及格完全是他自己造成的！如果我们都这么做了，我相信坚持上2～3个学期，学生相互之间就会传开——平时上课一定要认真，否则，再怎么补考也没有用，真的会拿不到毕业证。如此，风气一定会好起来的。教师上课的心情也会就跟着好起来。所以，这是相辅相成的。

最近，我和一些一年级的学生交流，他们说高中读的是文科，上大学后听不懂"高数"和"电工电子"。我想，课程组能不能组织教师开展教研活动，就怎么让学生能记住必须记住的知识点进行探讨，交流一下彼此是怎么做的，有什么好的办法可以相互借鉴？实在没有特别好的办法时，可以像教初中生那样，每次课都把需要学生背下来的知识点，包括公式和概念浓缩成一页纸，让学生拍下来或抄下来，课余去背，测验就测这些，学生背了，测验就能考出好成绩，他就觉得有收获，就愿意学，然后我们再逐渐加大难度和要求。否则，一旦问题堆到期末，学生就会破罐子破摔，肯定又是一大堆不及格，痛苦的仍是教师！

当然，因为教学风格不同，所以我所讲的有些做法可能教师未必能直接借鉴，但课堂上提醒、教育、帮助学生是一定要去做的。我的目的只有一个，就是让我们的课堂尽可能地发挥育人效应！每当看到我们教师那么辛苦地讲课，可学生却无动于衷，我心里就很难受，于是我就想到了要和大家当面交流一下。职能部门方面我也会一对一地去沟通！请他们在制度设计上逐渐体现对课堂教学质量优劣的评价。但是，制度的改进需要时间，可是教师能做的马上就要做起来，如课堂上提醒学生做笔记比制定一个制度来讲要容易得多。所以我希望教师先行动起来，别等学校制度出来了再行动，那样就迟了。

我希望今天的分享能影响一些教师改变自己的课堂教学，并不是说我的水平就一定比大家高，实际上在座的许多教师经验、水平、状态都比我强，而且我和大家的专业也不一样，我大学学的是化工工艺专业，研究生之后学的是思政。我只是想以一个教师的身份和大家交流一下怎么去当好一名教

师。我也是教师，我也看不惯领导在台上高高在上地对大家进行说教！但我毕竟在分管副院长这个位置上，学校内涵发展进入关键时刻，教师的水平不提高，许多目标难以实现，所以在没有其他更有效的办法的前提下，我能做的就只有和大家交流，手把手、面对面、不厌其烦地提醒大家！要求大家！指导大家！同时，我希望各系能以这次院级教学能力比赛为契机，加强教师之间的交流学习。

了解我的教师都知道，我对教师有一种特殊的感情，经常维护着教师，很少去批评，经常为了教师去批评职能部门的同志、给系主任添麻烦。我这个人也很简单，经常就事说事，没有其他想法，不太注意方式方法，说完也就过去了。但我对大家的心情就如同建议你们对学生的态度一样，也是想以鼓励、指导、帮助为主。今天的话可能有些重，有批评一部分教师不管课堂的意思，但这是我的职责。批评是为了让大家成长，更好、更快地成长为好教师！不批评就是我失责，就是对大家不负责！这是我的初衷，希望大家能理解！

我真诚地向大家表明我的态度：大家不同意我的观点不要紧，不喜欢我的方式方法也没关系，但一定要冷静地、认真地反思改进自己的教学，这首先是为了你们自己的成长。对我有什么意见直接说，我保证虚心接受！我的态度很直接：只要能让学生受益，让我们的教学改观，我都认可！教学有法、教无定法、贵在得法，我讲的也只是一家之言，但如果大家找不到更好的办法，建议先按我的分享去做。

我知道大家都不容易，每个人都有自己的实际困难。可我们不是教育学生、教育自己的孩子要迎难而上吗？我们教师自己也要做到！所以恳请各位主任、教师能接受我的观点并结合自己的教学实际形成自己的做法，主任们不断利用各种机会给教师们讲，要管好课堂；教师要想办法吸引学生听讲，切切实实在自己的课堂上帮助学生学会学习、学会做事、学会做人。

总结一下，今天的交流有三层意思：第一，告诉大家，作为教师，我们要抓课堂，这是职责，是要求，必须做，而且还要做好；第二，告诉并帮助大家，作为教师，该怎么样去抓课堂，提高课堂效果！第三，提醒大家，再不抓课堂，学校的制度就要发挥约束作用了。

我坚信，只要我们从上到下都强调同一件事，做同一件事情，每一门课、每一堂课都要求学生要认真听讲，告诉学生怎样听讲、怎样学习，并想办法让学生能听进去、能学进去，用2～3个学期的时间，落实学校领导提出来的课堂上要"学知、培能、强技、育德"，学生就一定会感激教师、喜欢课堂，我们的教风、学风也一定会焕然一新！

加强教风建设的 20 条建议 ①

教风，就是教师在思想、工作和生活等方面表现出来的态度或行为风格。教风的好坏直接决定着学风的好坏。教风的形成，既有教师自身发展的因素，也有学校文化环境（制度）因素。通过有计划的宣传教育、有针对性的激励约束政策和制度、有人文关怀的行政工作作风来影响并改变教师的态度和行为是加强教风建设的三个重要方面。

一、积极、主动、有计划地宣传教育

（1）持续发现、宣传具有正能量的单位和个人。以教研室、科室为单位推荐优秀教职工代表（如关心学生成长、教学效果好、受学生欢迎、综合绩效突出、工作踏实敬业等方面，每个方面都可以有），提炼先进事迹和典型事迹，通过校园网、橱窗、微信平台、校报、办公群等平台大力宣传爱岗敬业、教书育人、爱校如家等优秀教职工代表，形成充满正能量的校园风气。"举直错诸枉，能使枉者直""举直错诸枉，则民服；举枉错诸直，则民不服"。

比如，有教师建议，"学校有一批兢兢业业的优秀教师，他们可能不善于自我宣传，但学校应该发现他们，而且优秀教师的待遇应区别于一般教师，在课时标准、工资、职称晋升、外出学习等方面对优秀教师有所倾斜，让优秀成为一种追求"。"典型引路，榜样示范。好做法、好经验和实际成

---

① 本文是 2016 年 6 月以"如何抓教风"为主题的调研活动总结。

效多鼓励，努力营造氛围。争当文明教师，形成'比、学、赶、帮、超'的良好教风"。

（2）定期组织学习高校教师职业道德规范，开展教师行为规范教育（如教师基本礼仪、基本的纪律观念），从教师日常教育教学的行为规范方面落实。

比如，有教师说，"老师上课绝不能迟到、早退。老师在课堂上不能胡说乱侃，说些与授课内容无关的内容，特别是敏感问题不能说。要坚持不懈地抓下去，抓到成为一种习惯和风气，抓到师生们能自觉地去纠正，抓到不需要监督，人人自觉遵守……""教师的新创举和新观点会影响和改变一批学生的成长；教师的迟到缺勤、错误观点也会耽误一批学生的实践和认知"。

（3）定期组织开展教育学、教育心理学、国家关于高职教育方面的重要文件等的培训（如专题讲座、经验交流会、选派教师外出培训学习等方式），统一教师队伍思想，让教师高度认同自己的工作，掌握基本的教育教学理念和方法，增强教师的职业道德感及其对学校的归属感，真正做到校荣我荣。

（4）切实地关心年轻教师的健康成长，尤其是心理健康问题，帮助年轻教师度过这个艰难时期。

比如，有教师说："由于我院学生基础知识、逻辑思维、问题分析能力、自主学习意识相对较弱，使教师在上课时丧失成就感甚至会产生自我否定，时间一长将逐步消磨掉教师的授课激情，严重的甚至会出现心理问题。"这一问题应该具有代表性，需要引起重视。

二、灵活多样、适合实际且有引导作用的激励约束政策和制度

（一）教学管理

（5）以各系为主体定期开展全系教师教案、PPT评比、优秀课堂（包括实习实训课）教学展示等评比活动，评比给予一定奖励，纳入评优考核范围，既展示优秀教师的成果，提供相互交流和学习的机会，又能督促部分教师认真备课、更新教案。

有教师建议："鼓励新老师（刚上讲台3年内，不分年龄）手写教案和传统板书，真正提高业务水平。""为提高教师动手能力，凡上理实一体化课程的理论部分的年轻教师要在实验前一周进到实验室备实验课，熟悉一下实验仪器和实验过程。"

（6）B类专业课（指既有理论教学又有实践教学环节的课程，即理实一体化课程）实行小班教学（30人左右），有利于提升教学效果，增加教师的成就感，同时，也可以冲抵人才培养方案教学总学时压缩带来的教师工作量减少的影响。

（7）加强教学检查，建立健全的教学质量监控体系，及时反馈处理检查结果。让检查对后继工作有推动作用。

（8）加强教研活动，各系应督促各教研室、课程组围绕课程建设、课堂教学开展教法交流，反思不足，提高教学质量。每次要提前拟定教研活动主题，包括开课前的课程标准讨论、上课中的教学内容交流和课程结束后的总结交流等。

54

比如，有教师建议，"系部可以每月开展教学例会制度，及时总结上月出现的教学问题，加强督促"。

（9）逐步实行教考分离。对于有考级或资格证书考试的课程（如英语、计算机、职业资格证书对应课程），将对教师的奖励与学生的过关率挂钩。

（二）人事管理

（10）建立健全打通教师发展通道的教师聘期制、职务评聘制度、绩效评价制度等，以岗定责定薪，多劳多得。

一是按照初级、中级、副高、正高设立多个级别的教师岗位，如助教（13~11级）、讲师（10~8级）、副高（7~5级）、正高（4~1级），明确每级岗位的聘任条件（入门条件）、工作职责和绩效标准、工资待遇、晋升条件、考核办法等，构建教师晋升发展的校内通道。

二是将专业带头人、骨干教师的聘任标准与相应级别的岗位对应起来，其待遇也包含到对应岗位的工资里。例如，讲师9级以上自然就是骨干教师（9级以上的工资包含有骨干教师的补贴、9级岗位的职责也包含有骨干教师应承担的职责，不再另行补贴，考核合格即可获得该级别全部工资，不合格则有不合格的惩处办法）；副教授是专业/学术带头人（职责、待遇也包含在这一岗位里）；正教授自然就是专业群带头人。

三是对教师的绩效评价要逐渐改变当前仅靠教学工作量获取报酬的现状。将来，总课时在减少，教师数量将增加，教师再想依靠多上课超课时来增加收入就显得困难了。既要保证收入不减少，又要保证绩效增加，就必须改变评价机制——教学、科研、学生教育、社会服务等方面同时规定绩效标准。超额完成的工作量计算同时也应明确、清晰化。也就是说，教师除了上好课之外，还能有其他的工作安排获得收入，让教师也能较全面地发展，不至于纯粹做一个"教书匠"。

正如有些教师说，"目前教师的待遇基本上是依赖教师的课时量，教师课时量越多，收入就越高，其他工作量没有很明确的考核办法，或者其他工作量待遇过低（但其他工作量多）。这就导致了大家都去找课上，争取多上课，却不去想办法或者很少想办法提高自己的教学水平，也不愿意做其他工作"！

四是教师的考核可实行聘期考核与年度考核、月考核相结合。将优秀教师评选与年度考核结合起来，年度考核则建立在月度考核的基础上，月度考核重在考核工作态度。聘期考核则重点考核聘期绩效完成情况。

例如，一个聘期3年，有些教师用前两年完成了第三年的绩效，第三年则进入企业学习。这时，其聘期绩效考核应该是合格的，聘期的绩效工资应该是足额发放的。又如，有些教师用两个月完成了一学期的教学任务，最后一个月外出学习或休产假，那这个学期的教学任务所对应的工资能否足额支付？我认为，这类教师或许评不了优秀，但不能因此影响绩效工资（因为他的绩效完成了）。

（11）明确各系行政岗位的职责，比如综合办主任、学管办主任、教学秘书、行政秘书，这些岗位与一线教师接触最多，他们的工作敬业程度、工作能力、服务水平对教师的影响非常大，因此要合理设置岗位数量、明确每个岗位的职责要求，使这些岗位能更好地服务于教学和系部工作，同时对这些任行政人员的兼课审批手续一定要严格（目前行政岗兼课的人较多，一是原本来校的目的就是想转专任教师岗位；二是想在职称上有晋升，同时还能

增加收入。）但兼课过多，势必影响行政工作，其结果就是行政岗位人多，效率却不高。

（12）加强系主任、专业带头人、骨干教师、教研室主任的培养和职责定位与考核。专业带头人、教研室主任主要定位于专业建设、质量工程、团队建设和教学管理，因此要对他们开展专题培训，提升他们的教学管理和项目申报、建设能力。

诚如有的教师所讲，"要提升系主任、专业带头人的教学管理能力，他们的能力提升了，就不会把具体的事务都压到普通教师身上，就能让普通教师专心上课、做学问。当然，同时也要给系主任、专业带头人、教研室主任一定的话语权，调动他们的积极性，比如，评优、推优他们有一定的话语权"。

（13）在考核的基础上建立淘汰机制。对不能积极工作如重大教学事故、连续3次教学评价倒数5名之内等）的教师，减薪直至辞退，这样可以加大教师工作压力，也是对其他积极者的一种激励。

（14）出台切实可行的政策和计划，鼓励社科类教师参加社会实践、调研，鼓励工科类教师到相关企业调研、实习，这样有利于提升教师的知识面和教学效果。例如，每年暑假安排多少人去企业实践，事先要有计划，这样教师就知道怎么做了。

有教师讲，"目前，教师成长速度赶不上学校发展的速度。学校教师年轻者居多，青年教师大多数是传统学历教育学科教学体系下的成品，没有职业教育的思维和意识，学科体系思维较为严重，传统的以老带新只能解决教师上课水平问题，不能解决职业教育要求的三个对接要求。建议学校主动将青年教师派驻到企业参加顶岗实践，并制定相关政策予以保障和鼓励。例如，每学年的第一学期专业课偏少，可安排部分青年教师到企业连续顶岗半年，这对教师的成长具有很好的作用"。

（15）出台激励教师参加教学科研的政策和措施，鼓励、帮助、指导教师做真正的科技制作和教研、科研活动。

有条件的专业或学科，鼓励教师指导学生参加各种技能竞赛活动，第一，可以提高学校声誉；第二，可以真正培养一批学生的学习能力和处理问题的能力；第三，指导教师能真正提高教学水平和科研能力。

上次的教改科研项目申报,给学校带来一种新的积极向上学习的风气。建议多鼓励教师参与课题研究、教材编写、学术探讨。目前大家更多的是完成教学任务,在其他方面花的时间不够,有的教师有这个想法,但是渠道或者经验不够。

（16）加大教师的岗位培训和学历提升的投入,多组织关于教学技巧和教学方法的专业培训,引导广大教师积极探索教学规律,研究和改革教学内容与教学方法,不断提高教学水平和教学效果。

师资培养,这个是学校必须花大价钱来打造的工作,也是学校可持续发展所必须面对的问题。

注重教师培养。①加强基本功培训,如板书、课件重点突出、课堂互动多、语速适中等。②实行师徒结对,以老带新,进一步加强教研活动。③注重首因效应,开好第一堂课,消除刻板印象。④深入开展经常性的说课比赛和教学观摩、集体备课等活动。⑤关心教师业科研提升和职称晋升。

（17）新教师要有跟踪评价。对应届毕业生进入教学岗位的,要加大培养力度,包括教学技能和实践技能培训;对企业兼课教师,要加强职业态度的考察。学校、系部、教研室针对新教师进行培训要有具体的措施,以帮助其提升教学能力。

目前新教师进校主要靠自我摸索,如果学生反应不佳,对新教师(特别是刚从学校毕业的教师)的自信心将是一种打击。建议实行"以老带新",新教师进校后指定一名有经验的老教师(如课题组组长)给予全面指导;以教研室、系部为单位进行试讲,督导组重点听课指导。

教师认为去参加国培学习或进入企业进行顶岗实习,是学校对教师的一种鼓励和赏识。

三、体现人文关怀的行政工作作风

（18）学校、各职能部门、各系领导和教职工之间建立多渠道、常态化的沟通反馈机制。

一是学校的发展愿景、改革举措、近期发生的一些重大事情主动及时、提前告知教师(可以根据实际在一定范围内告知),既体现了学校对教师的

重视，也能让教师看到学校发展的希望，坚定自己发展的信心，而不是每次重大活动前只是发通知对教师提要求。

二是院、系领导通过多种途径主动听取教师的意见和建议，关心教职工的工作、生活、职业发展，让他们感到自己被重视，产生主人翁的感受。例如，每月院领导与教师代表午餐一次，沟通交流，让教师亲切地感受学校对教师的人文关怀与物质关怀。又如，工会和人事部门采集教师、辅导员的意愿后，有针对性地开展一些有领导参与的小活动，提升教职工的幸福感。

三是主动听取并及时反馈教职工的意见和建议。有教师提出，"学校一些重要制度修订，有时会让教师提出意见和建议，这本身是好事，但教师提出自己的观点之后学校如果没有采纳又没有做出相应解释，长此以往会让教师觉得学校在制订相关文件时只不过是在走过场，教师提出的意见根本无足轻重，教师参与学校发展的热情会逐渐被消耗"。

四是学校领导、各职能部门在学校的一些改革政策、制度出台后应主动做好宣传、解读工作，组织学习讨论，让大家知道有这个政策、制度并领会文件实质，这样政策才能落到实处。

（19）落实行政人员听课制度，让行政管理人员逐渐关心教学、懂教学，通过听课机制的建立保持与教师的交流、沟通，及时发现并解决问题，满足教学需要。

（20）系班子成员和教研室主任要认真履行工作职责，关心系部、专业及教师的发展。有教师建议，"系主任应坚持听课，了解任课教师在教学内容组织、教学方法、教学态度和教书育人等方面的情况，如发现问题，及时和他们联系和沟通，以便对教师教学工作中存在的问题及时给予帮助指导，并提出批评建议"。

提升课堂教学质量，关键在教师 [①]

教学是学校的中心工作。开学第一天就召开全体教职工参加的教学工作会，说明学校对教学的重视。2016年是"十三五"开始之年，学校各方面，尤其是学生和教师方面都取得了令人可喜的成绩。然而，成绩不是功劳簿，它只有一个作用，那就是告诉我们2017年必须更加努力。如何证明我们今年是更加努力的？那就是超越去年的成绩。

2017年重点要做好、做成哪些工作呢？今年全院各项工作只有一个主题——贯彻落实学校"十三五"教育事业发展规划！教学工作也不例外。这里我重点强调教学以及与教学密切相关的工作。

学校"十三五"规划指出，要开展"每年一重点、每系一品牌"活动。关于"每系一品牌"，各位系主任、支部书记要多用点心思，从本单位所辖专业群最具特色和发展潜力的项目（如专业建设、实习基地建设、校企合作、学徒制、卓越技能人才培养、学生技能竞赛、学生素质教育等）中选择1～2项，组织全系教职工集思广益，好好谋划、重点培育，打造品牌。年底的时候，各系要总结展示自己的品牌。将来，这就是教学成果奖的素材。

关于"每年一重点"，我觉得，2016年学校在教育教学方面最值得称道的一件事就是学生职业素质教育全面启动并持续推进，全员育人氛围正逐渐形成！从学校领导到系主任，都从推进职业素质教育的高度重视教学，加强了教学纪律检查，教师的职业意识有了明显的增强，更加自觉地注重教学质

---

① 本文节选于2017年3月在学院教学工作会议上的发言稿。

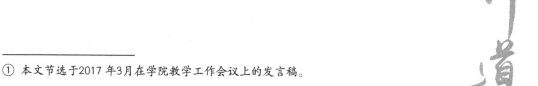

量，知道要把课上好、把学生教好；同时，学校还出台了《进一步加强教学改革与研究工作实施办法》，兑现了教师们期盼已久的教学科研成果奖励，让他们明白作为一名大学教师，要履行教书育人的使命，除了上课之外，还有科学研究、社会服务等职能必须履行。

关于奖励，我强调两点：一是不管有没有奖励，科研和社会服务都是我们教师应尽的职责。学校兑现奖励，是本着"办学以教师为本"的理念，为了激励大家出更多高质量的成果，这既是学校发展的需要，也是我们每个教师自身发展的需要。孟子说："待文王而后兴者，凡民也。若夫豪杰之士，虽无文王犹兴。"意思是优秀的人才不需要别人的激励就能自觉奋发，那些非要等有了激励政策才去努力的人，就只能跟在别人后面走。有些教师一直在等学校出台激励政策，但也有一些教师从自身发展主动出发，有所作为，所以这些积极主动的教师在2016年年底就享受了一笔意外但属于应得的收入。所以我们教师不要去等，一定要抓住机遇，迎头赶上。二是激励本身不是目的，激励的目的是积累办学成果，提高教育教学质量。质量工程也好，教学改革也好，科学研究也好，如果不能改进教学，那就是形同虚设。学校加大这方面的投入，是想让教师通过研究，改进自己的教学，从而提高办学质量。所以，我们教师不要为了年底能多拿奖励，去做一些表面文章，而是要从教学中发现问题展开研究，从而解决问题。

正是因为去年重点提高了教师的职业意识、狠抓了学风，所以，2017年，我们要重点抓好一件事——提升课堂教学质量。

质量是生命线，是永恒的主题。教学质量关键在课堂，课堂必须吸引学生。只有提高了课堂教学质量，才能说我们的教育有质量。

提升课堂教学质量，关键在教师。为此，要做好以下几项具体工作。

一、完善教师教学工作规范和教学事故认定与处理办法

教师教学工作规范，就是主要教学环节质量标准，能让教师清楚地知道，从备课开始，包括教案、课程标准、教学日历、课堂上课、实习实训、课外辅导等环节都需要做些什么，怎么做、做到什么程度才能保证质量。

教学事故认定与处理办法是与之配套的文件，和道路交通安全法一样，

其目的不是处理人，而是让教师知道哪些事情是不能做的。

二、修订课堂教学质量评价标准与管理办法

高质量的课堂有共性。共性就是评价什么样的课堂是高质量的课堂的标准。一个教师，如果他的课堂是高质量的，受学生欢迎的，领导、同行、督导评价都是优秀的，那他一定比别人投入得更多，花了比别人更多的心血。付出就能得到回报，所以，这些教师的课时费标准就应该高于同职称的其他教师。

既然我们要的是质量，那有质量的行为和低质量的行为得到的评价和回报肯定不一样，否则，谁都不去重视质量。所以，课堂教学质量的评价标准与管理办法要尽快制订出来，要改变那种职称高课时费就高的单一评价标准，让那些潜心教学改革、积极改进课堂教学手段、提升课堂教学效果、同行评价好、学生认可度高、具有示范效应的教师的课时费标准高于其他教师，从而激励更多的教师重视教改、参与教改，提高课堂育人质量。

三、落实《进一步加强教学改革与研究工作实施办法》，完善教师考核评价体系

考核评价政策是调动教师工作积极性、主动性的"指挥棒"。完善教师考核评价制度是当前和今后一段时期深化高等教育综合改革的紧迫任务。2016年，中央提出了深化人才评价机制改革。教育部马上落实，提出要坚持德才兼备，注重以能力、实绩和贡献来评价教师，克服唯学历、唯职称、唯论文等倾向，坚持全面考核与突出重点相结合，全面考核教师的师德师风、教育教学、科学研究、社会服务、专业发展等内容，将师德表现、教学质量、育人成果、应用技术研发成果与社会服务成效、信息技术应用能力等作为教师专业技术职务（职称）评聘和工作绩效考核的重要内容。为此，学校也出台了《进一步加强教学改革与研究工作实施办法》（以下简称《办法》），《办法》对助教、讲师、副教授（教授）在教书育人、科学研究、社会服务、自身发展能力方面应该做些什么、做到什么程度提出了具体要求，但如何考评，还需要细化。

例如，文件规定，"教师要完成学校规定的学生教育培养工作并考核合格"，那学校规定的学生教育培养工作是什么？怎么考核？这就需要有配套文件。又如，年底如何从文件规定的五六个大的方面考评教师，什么样的教师可以评优、可以晋升？这些都需要进一步细化。《礼记·中庸》中记载"日省月试，既禀称事，所以劝百工也"。（经常检察、考核，薪水与业绩相称）就是说要把评优、工资待遇建立在公平公正的考核评价基础之上，多劳多得、优劳优得。

四、以课堂为抓手，推进课程改革与建设

英语不以过级为目标，而是结合我们的专业实际需求，教师自编教材，以情境英语为主，以提高学生日常会话能力为目标开展英语教学；对那些有过级和专升本需求的学生，单独开设英语选修课，即强化班。只有激发学生的学习兴趣，才能提高教学质量。

计算机基础，考级只是一个方面，提高学生应用能力才是关键，学生学完"计算机基础"，还不能操作Office办公软件，这种课堂教学怎么能算是有质量的课堂呢？

专业课也是一样，学生学了电工电子，然后考证前还要专门培训，结果通过率仍然不高；学生参加技能竞赛，理论考试的内容就是我们所开设的课程内容，结果学生成绩不是很理想；这都说明了什么？学生功底固然是一方面，但我们的课堂教学脱离实际需求可能是主要原因。

建议运输贸易系对会计从业资格证书通过率高的原因和做法进行认真总结，全院推广。另外，公共课、素质教育类，包括思政课都要结合我院的专业实际需求调整教学内容。

教学有法，教无定法，能吸引学生的就是好办法；不管张老师还是李老师，能提高课堂教学质量就是好教师。希望各位教师能结合学生实际，改进自己的教育教学观、改革课堂教学内容与教学方法、考试评价方法，学习并运用先进的教育技术。学生固然有其不爱学习的一面，但必须承认，只要我们的方式方法得当，大部分学生还是能进步的。需要补充并强调一点，围绕着嵌入式教学改革，2016年我们的学籍管理办法已经提出了非核心课学分互

认，所以教务处2017年要尽快制订出具体的学分互认管理办法。

五、做好教师业务技能提升的各项具体工作

例如，加强教学方法、教学信息化、课堂管理、科研能力提升等方面的培训工作；加强专业带头人、骨干教师目前在各类项目申报材料撰写及组织方面还需要提高，这需要人力资源处、教务处以及各系主任一起深入地了解教师的需求，形成一个全年培训计划，然后有针对性地实施。

一方面，对于教师来说，学习提高是教师自己的事，不要指望学校面面俱到。教师自己不提高，又怎么去教学生？孟子曰："贤者以其昭昭使人昭昭，今以其昏昏使人昭昭。"教师自身不提高学习，不能彻底明白，想要教会学生就很难做到。

另一方面，作为学校管理者，我们必须清楚地意识到，要想把学校办好，必须给教职工提供切实有效的培训。孔子曰："以不教民战，是谓弃之。""不教而杀谓之虐；不戒视成谓之暴……"孟子曰："不教民而用之，谓之殃民。"所以，我们需要教师提高课堂教学质量，需要教师出成绩，那就需要开展教师培训，明确地告诉教师怎么做，做到什么程度。这就是主动服务意识。各部门要加强这方面的工作。

以上是围绕2017年要做的重点，即"提升课堂教学质量"所要开展的五项具体工作。实际上，提升课堂教学质量是一个系统工程，也是"学生职业素质教育"的组成部分，要做的工作还有很多，各系部门、各系可以在此之外结合本系实际有的放矢。

63

师道
——高职院校教学管理之育人漫谈

听课随笔 ①

早上听了两节思政课，均为校内兼课教师，一男一女风格不同，虽然都拿着"小蜜蜂"，但男教师声音温和，女教师激情四射，效果都不错。

一、共性的、值得肯定的地方

1. 两位教师都能脱稿讲课，讲解都很熟练，有重点、有逻辑、有信息量。

2. 学生课堂纪律都还不错，都有记录本，都能记笔记。（两个班级，每个班级都有5个学生没做笔记：或睡觉，或玩手机，或发呆）

3. 两位教师都能及时提醒学生认真听讲。

二、需要注意、改进及相互学习的地方

1. 教师提醒学生认真听讲时要注意方式方法，尽量不要当着全班同学的面批评某个表现不好的学生，这样就不至于引发学生的抵触而又让教师生气。例如，男教师当着全班同学的面批评学生，教师自己生气而学生不买账；而女教师不固守讲台，不断地在教室中间边走边讲，等走到不认真听讲的学生跟前时悄悄敲打下桌子以示提醒，这样在不影响讲课和学生自尊的情况下目的达到了，还不会引发师生情绪对立。

2. 课堂不要"满堂灌"，要引发学生思考。例如，男教师非常注意前后知识点之间的逻辑关联，一有新知识点出现马上就引导学生思考之前讲过的

64

_____

① 本文是2018年上半年随堂听了两位教师的课之后和教师的交流稿。

内容，学生有思考有回答，脑子就集中到课堂上来了。女老师整节课都是自己在讲，教室虽然很安静，但学生听课效果如何就不知道了。

3. 课堂突出重点的方式可以多样化。男教师虽然整节课只有一页显示章节标题的PPT，但却把重要知识点简明扼要地在黑板上板书出来，方便学生记录和掌握。女教师则是每次讲到重点时都提醒学生要记笔记。当然，如果全程只有一页PPT内容，那么建议可以不用，这样就能把整个黑板利用起来，不需要写了擦、擦了写，等下课的时候整个黑板留下的都是重点；全程使用PPT的，则可以用一种固定的方式，如红色加粗黑体把重要知识点、需要学生记下来的知识点凸显出来。这样，一出现这样的文字学生就知道需要记笔记了，不用每次都提醒，也不用每一页PPT的内容都要记录。

4. 教师要适时检查学生的笔记情况。虽然大部分学生都有记笔记，但记录了多少，是不是把需要记录的都记下来了，则需要检查。所以建议教师能定期或不定期检查学生的笔记本，这样做，既是对学生学习的督促，也是对教师教学效果的检验。我在两个班听课时都把坐在我旁边学生的记录本随手翻了一下，有一个共同的现象：一个本子，记录了好几门课的内容，而且所记录的字数多少不一、内容各不相同，最关键的是至少这一堂课，没有把教师所要求的重要知识点完全记录下来。

65

教改项目申报书阅后感 ①

本次校级教改立项，总共收到了59份申报书，教师们的热情让我看到了学校发展的希望和动力。

学校领导对我的要求是不仅自己要继续出成果，还要帮助、指导、带动更多的青年教师出更多的成果。职责所在、使命本然，加之喜欢，所以我认真地看了大家的申报书。实话实说，对大家的申报书有些我看懂了，有些似懂非懂，有些完全没看懂。总体感觉，水平差异非常大，更多的教师需要有人手把手地指导。

因此，我从如何做得更好的角度，针对申报书如何写谈一谈个人看法，供大家在后面的项目申报工作中参考。

一、关于项目名称（课题名称）

题目很重要，既要有新意，又要能直接反映研究主题。

（1）题目中提到课程名称时，应该用引号（"　"），而不是用书名号（《　》）。

（2）探索和改革是一个意思，不能同时出现在题目中，就像回答别人不能说"我免贵姓李"一样。"探索"一词显得有些谦虚，"改革"相对正式一些，但用一个就可以了。

（3）题目中加"中国制造2025""现代学徒制""互联网+""一带一

---

① 本文是2016年评阅学院第一届教改项目申报书后和教师的交流稿。

路"倡议等词，的确显得有时代气息、有新意，但研究内容则需要体现这些主题的新要求。例如，现代学徒制下的××课程改革，"互联网+"背景下的×××专业/课程改革与实践，就要讲清楚现代学徒制背景下怎么改的、互联网+背景下怎么改革与实践的，而不是仅仅挂个高大上的名字，内容却和这个背景无关。这是特别需要注意的地方，大家以后申报其他课题时也要注意这个问题。

（4）校级教改，更多的应该是关注校本研究，为学校专业建设、课程建设、学生管理、教师管理、教学管理等提出建设性方案。所以针对学校某一个专业、某一门课的改革写的"我院'××'专业/课程改革与实践"比"高职院校'××'专业/课程改革与实践"更具有针对性。

二、关于申报书里面的内容

简单地讲，课题申报书一定要讲清楚两个点：一是为什么要研究这个课题；二是打算从哪些方面、用哪些方法按照什么思路来开展研究。

（1）为什么要研究这个课题——必要性。就是要写清楚你发现了什么问题，因为有问题才需要研究。研究是针对问题展开的，"问题意识"是开展研究的出发点。申报其他类型的课题也是这样。

针对问题开展研究，意义也就不言而喻。问题找准了，也就知道要解决什么问题了，意义也就显现了，后面的研究内容也就明确了。问题找不准或是没写有什么问题，就意味着不知道要解决什么，就无法明确研究内容，也就显得没有研究价值了。

例如，当前××课程建设存在教学目标不清、教学内容陈旧、教学方法传统、考评方式单一等问题，这些问题不解决，教学就难以有效果，因此需要通过研究来解决。又如，××专业建设存在培养模式与传统本科无明显区别、工学结合特征不明显、与岗位需求对接不紧密等问题，而要提高专业建设水平，办出特色，就必须解决这些问题。这就是申报书"现状与背景分析"这部分要填写的主要内容。

至于表中要填写的"已有研究与实践基础"一项，一般是写教师已取得了哪些相关研究成果（如发表的论文、出版的著作教材、承担的项目、专利

等）、已经检索到的文献资料以及为开展这个课题都做了哪些准备，而不是说已经做得很好了。有相当一部分教师在这一项中填写了大量的已取得的成绩。这就理解错了——既然都做得这么好了，那还有继续研究的必要性吗？

（2）怎么去研究——可行性。就是要写你打算怎么来研究。这就是表中"研究内容、目标、要解决的教学问题，拟采取的方法和主要特色"一项要填写的内容。其中，研究内容就是你打算从哪些方面开展研究，或者说要研究哪些方面，要针对前面所提出的问题来展开。一些教师在填写时将研究内容等同于课程教学内容，研究目标等同于课程目标，这就理解错了。

例如，针对培养方案设计不合理，我的研究思路和内容应该是什么呢？应该是先调研企业岗位需求，了解岗位所需知识、能力和素质有哪些，然后分析形成这些知识、能力和素质需要开设哪些课程，这些课程体系就构成了培养方案的主要内容，而形成一个合理的培养方案则是研究目标。但有些教师填写的研究内容却是某个专业的培养方案的内容，如培养目标、规格、就业面向等。

又如，针对一门课程的改革，研究内容一般包括如何合理确定课程教学目标？如何优化课程教学内容？如何灵活使用多种课程教学方法？如何根据学生和课程实际采取多种考评方式等。其目标就是要形成一个科学适用的课程标准，但我们有些教师填写的却是整个课程标准的内容，这就把结果等同于过程了。

研究方法不是教学方法。一些教师在填写研究方法时写成了打算采用的教学方法。一般来讲，人文社科类比较常见研究方法的有文献法，又叫作理论研究法，即对已有的研究资料进行整理、分析，属于综述性研究；调查法，包括座谈会、访谈、实地走访、问卷调查等。理工科在申报科技类课题时可能还会有其他的方法要求，如实验法等。

表中"预期效果与具体成果"这部分内容相对要好写一些。预期效果就是写清楚你打算通过这个研究起到什么作用。例如，让××课程更受欢迎；让课程教学效果更加适应岗位实际需要；让专业建设更有特色；让培养模式更加科学合理等。

关于具体成果，学校文件已经明确告诉大家：一是公开发表两篇论文。

大家要记住，将来发论文时一定要注明"重庆公共运输职业学院教育教学改革研究项目：××（项目具体名称）。二是不少于5000字的研究报告一份（相当于把整个研究过程及成果总结一下）。有这两项也就可以了。当然，还可以根据项目实际情况补充一些内容，如修订专业人才培养方案、编写一份课程标准、制订一份实习指导书、出版一部教材等。但是，所写内容一定是能够在两年内完成的，而不要为了争取拿下课题不切实际地把预期成果写得太多、太高以致最后难以完成。校级课题主要是为教师搭建平台，为提供机会，不勉强大家取得更多的成果。

这里展开说一下，教师在申报上级部门的课题时，一定要认真阅读通知要求并上网查找这个课题的管理办法，弄清楚管理办法对项目成果和经费使用的要求，然后有针对性地填写。这样才能增加成功的可能。例如，教育部人文社科课题要求一篇核心期刊就可以结题，你就不能写两篇普通期刊（未达到要求），也不要写两篇核心，否则实现不了，到验收时就属于计划未完成。

三、对教改课题的几点认识

（1）校级课题既然以校本研究为主，只要能解决校内的问题就可以了，不一定要有多大的推广应用价值。当然，既能解决我院的实际问题又能推广到其他学校肯定更好，但这需要研究者有很深的造诣，目前我们还不具备这样的水平。

（2）课题研究不是成果应用。研究过程中，教师可以有大胆的假设，先不要担心将来能不能施行，不要去管上面这样那样的要求，这样才能有创新。课题研究就是要能提供多种解决问题的方案。至于在实践中如何应用，则是后继工作。

（3）课题研究需要时间和资料积累。本次课题设置为两年期限，无论申报成功与否，都需要同时也希望大家能静下心来好好读些资料，思考学习别人的论文是怎么写的，别人的项目申报书是怎么写的，为下一次立项做准备。等将来水平提高了，平时也有成果积累了，学校也可以考虑一年立项一次。

最后，我非常乐意帮助大家在业务上取得进步，大家在教材编写出版、论文写作、项目申报等方面有需要的话可以直接找我沟通。虽然学科背景不同，我不一定能看懂大家的成果，但可以从旁观者的角度提供一些参考。

我是这样想的，虽然我个人的水平和力量有限，但得到了我的帮助和指导的教师就能去帮助别的教师，就能把我的力量壮大。这样我帮你、你帮他，我们的队伍就能形成互帮互助的良好风气了。

高校教师亟须分类评价和管理 ①

  人才评价是人才发展体制机制的重要组成部分，是人才资源开发管理和使用的前提。为深入贯彻落实2016年3月中共中央印发《关于深化人才发展体制机制改革的意见》的通知，创新人才评价机制，发挥人才评价"指挥棒"作用，2018年2月，中共中央办公厅、国务院办公厅印发了《关于分类推进人才评价机制改革的指导意见》（以下简称《意见》）。《意见》抓住分类推进人才评价机制改革这一科学评价人才的"牛鼻子"，反映了广大人才多年来的利益诉求。

  《意见》指出，要"健全教育人才评价体系。坚持立德树人，把教书育人作为教育人才评价的核心内容。深化高校教师评价制度改革，坚持社会主义办学方向，坚持思想政治素质和业务能力双重考察、全面考核和突出重点相结合，注重对师德师风、教育教学、科学研究、社会服务、专业发展的综合评价。坚持分类指导和分层次评价相结合，根据不同类型高校、不同岗位教师的职责特点，分类分层次分学科设置评价内容和评价方式。突出教育教学业绩评价，将人才培养中心任务落到实处，要求所有教师都必须承担教育教学工作，建立健全教学工作量评价标准，落实教授为本专科生授课制度，加强教学质量和课堂教学纪律考核。"

  那么，教育主管部门及高校自身又该如何推动《意见》的贯彻落实呢？

---

① 本文初稿形成于2016年3月中共中央印发《关于深化人才发展体制机制改革的意见》
  后不久；2018年2月，中共中央办公厅、国务院办公厅又印发了《关于分类推进人才
  评价机制改革的指导意见》，文章再次完善。

作为一名高校教育工作者，本文对为什么要对高校教师实施分类评价以及如何实施分类评价谈谈个人的一些看法。

当前，我国的高校主要分为研究型、教学研究型和教学型（或者学术型和应用型）。通常，不同类型的高校，甚至是同一高校内部，对不同类型的教师的考核与评价指标应该是不同的。但实际上，当前无论是政府教育主管部门还是学校内部，对教师的考核指标基本都是一样的，不外乎学历、教学与科研工作量，无非就是级别和数量上有所差别罢了。

例如，在人才引进时，从211、985高校到普通本科院校，再到应用型本科高校和高职院校，打出的招聘广告基本上都要求具有博士学位，而且对博士的要求越来越高。为什么会这样？因为目前的办学指标和评估指标对教师队伍的硕博比例有明确要求，达不到，评估就可能通不过，招生计划、生均拨款就会受到影响。

又如，在职称评审和聘期考核时，对研究型高校、教学型高校和高职院校的教师，无一例外都是从教学工作量、科研工作量等方面进行考核，无非就是研究型的教师教学工作量可以少些，教学研究型和教学型教师的科研项目数量和论文数量可以少些。其结果，导致教师不得不减少教学投入，来完成职称评审或考核所规定的科研工作量。这是评价制度的导向所致。

为什么这样？原因并不复杂，从主管部门来看，"一刀切"式的管理方式操作起来相对简单。从学校管理者来看，科研成果能提升学校影响力。正是这些行政化、"官本位"和功利思想，使得至今我们对教师的分类管理成效尚不显著。

因此，无论是教育主管部门，还是高校自身，都应该从实际出发，具体问题具体分析，增强改革的针对性、精准性，纠正人才管理中存在的行政化、"官本位"倾向，按照《意见》提出的分类实施政策、分类评价，"以职业属性和岗位要求为基础，健全科学的人才分类评价体系。根据不同职业、不同岗位、不同层次人才特点和职责，坚持共通性与特殊性、水平业绩与发展潜力、定性与定量评价相结合，分类建立健全涵盖品德、知识、能力、业绩和贡献等要素，科学合理、各有侧重的人才评价标准"。

第一，教育主管部门对不同类型的高校应有不同的办学指标要求和评估标准，引导高校对人才实施分类管理。

在办学指标的要求上，要克服唯学历、唯职称倾向，实行分类指导。例如，对以培养应用型人才为主的新建地方本科高校和高职院校，没有或减少教师队伍硕博比例的硬性要求，而是根据这类院校的办学定位重点考核"双师型"教师的比例。

在深化职称制度改革上，要下放评审权，推动高校根据自身发展定位，制订符合本校实际需要的职务评聘办法。例如，评聘结合，将职称与职责对应起来，按照岗位职责要求实行岗位聘任制，引导教师重视职责，而不是追求职称。又如，对职称外语和计算机应用能力考试不做统一要求，但不等于没有要求，而是要以是否满足教学、科研岗位需要、能否完成岗位职责为考核标准。"指挥棒"变了，发展形势就会跟着变。

第二，各学校内部，要在对教师队伍分类的基础上实施分类评价。一是要考虑不同学科的发展需要，充分体现不同学科发展的差异性。二是考虑教师不同的类型特点。例如，可将教师分为科研型、教学型、"双师"型等类型，并在此基础上分别细化适合不同类型教师发展的评价标准。根据不同学科、不同类型教师岗位的特点和职责，坚持共通性与特殊性、水平业绩与发展潜力、定性与定量评价相结合，分类建立健全涵盖品德、知识、能力、业绩和贡献等要素，科学合理、各有侧重的评价标准。三是在绩效考核和职称评审方面，科学设置评价标准。"坚持以能力、实绩、贡献评价人才，克服唯学历、唯资历、唯论文等倾向，注重考察各类人才的专业性、创新性和履责绩效、创新成果、实际贡献。着力解决评价标准'一刀切'问题，合理设置和使用论文、专著、影响因子等评价指标，实行差别化评价，鼓励人才在不同领域、不同岗位作出贡献、追求卓越"。四是评价主体应该多元化。根据学科和类型的不同，综合运用同行评价、市场评价、社会评价、学生评价等。例如，对于科研型教师而言，考核的重点可以放在科研任务完成的数量和质量上，其研究水平的评价不完全以论文发表期刊的档次及承担科研项目的级别来定，而应以国内外同行专家学术评价为主；对于教学型教师而言，可建立以学生评价和校内同行评价为主的评价体系。考核指标上，教学效果与教学质量显然是最主要的。对这类教师的科研工作的考核不应是科

研项目数量、经费数量和论文数量，而应该是考察科研成果转化为教学成果的数量和效果，以鼓励技术创新和成果转化，其绩效高低（如课时费标准）也不以职称高低来定，而是根据教学效果和质量来核定，以引导教师以人才培养为中心，潜心教育教学，回归教书育人的本源；对于职业院校的"双师型"教师，可吸引行业、企业专业技术人员参与评价，以其实践能力、技术攻关与应用能力作为重要的考核指标，而不是以论文、课题等作为评价的限制性条件。正如《意见》所要求的，"适应现代职业教育发展需要，按照兼备专业理论知识和技能操作实践能力的要求，完善职业院校（含技工院校）'双师型'教师评价标准，吸纳行业、企业作为评价参与主体，重点评价其职业素养、专业教学能力和生产一线实践经验"。

有了分类评价标准，高校在人才引进、队伍培训等方面就能形成各自鲜明的特点。

需要说明的是，不管怎么对教师分类进行管理，有一点是必须都强调的，即教育教学业绩和师德。正如《意见》所要求的，"遵循人才成长规律，突出品德、能力和业绩评价导向"。"突出品德评价。坚持德才兼备，把品德作为人才评价的首要内容"。因此，无论是教育主管部门还是高校，都需要且应该围绕立德树人的根本任务，进一步弘扬高尚师德，突出教育教学业绩和师德考核，尤其要发挥师德导向作用，把师德表现作为教师职务聘任、评价与考核的必备条件和重要标准，对师德失范问题严格实行"一票否决制"。

高校的根本任务是培养人，以提高人才培养质量为核心改革教师分类评价考核机制，对高校教师实施分类管理，有利于引导并激发教师回归教育教学。因此，高校教师分类管理，是提高教育教学质量的需要，亟须大力推进。

再谈高职人才的特点及其培养方案的设计 [①]

党的十九大报告指出："完善职业教育和培训体系，深化产教融合、校企合作。"近年来，党和国家对职业教育的重视达到了前所未有的高度，职业教育迎来了发展的又一个"春天"，社会大众对职业教育的认可与接受程度也有了大幅度提升。但正如《国家中长期教育改革和发展规划纲要（2010—2020年）》中期评估·职业教育评估报告中所指出的，随着我国适龄人口逐步减少，还需要进一步提升职业教育的吸引力。在此背景下，高等职业院校要提升吸引力，被社会广泛认可，必须深化对高职教育和高职人才的特点的认识。为此，本文通过对比专科高职教育、普通本科教育与中职教育，对高职人才的特点以及在设计人才培养方案时如何体现高职人才的特点进行了探讨。

一、从本科、高职、中职的对比中看高职人才的特点

（一）虽然均属高等专门人才，但高职人才具有本科人才所不具备的职业性

1. 高职与本科在层次与类型上均不相同

在我国尚未大规模举办高等职业教育前，高等教育包括高等专科教育（高专）、本科教育和研究生教育三个层次。1996年9月1日起施行的《中华人民共和国职业教育法》规定，"职业学校教育分为初等、中等、高等职业

[①] 本文是笔者2015年11月再次从事高职教学管理工作之后对人才培养方案的一系列思考（2003—2009年曾从事高职教学及教学管理工作）。

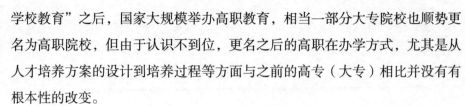

学校教育"之后，国家大规模举办高职教育，相当一部分大专院校也顺势更名为高职院校，但由于认识不到位，更名之后的高职在办学方式，尤其是从人才培养方案的设计到培养过程等方面与之前的高专（大专）相比并没有有根本性的改变。

随着社会各界对职业教育的关注和重视，上述认识不到位的情况逐渐好转。2006年，教育部《关于全面提高高等职业教育教学质量的若干意见》（教高〔2006〕16号）文件明确指出："高等职业教育作为高等教育发展过程中的一个类型，肩负着培养面向生产、建设、服务和管理第一线需要的高技能人才的使命。"也就是说，高职既不同于以前的高专，也不同于普通本科，它属于高等教育发展过程中的职业教育类型——"姓'高'名'职业'"，只不过，目前大多数高职还处于专科层次，即专科高等职业教育。2014年教育部等六部门印发的《现代职业教育体系建设规划（2014—2020年）》中进一步指出，"在办好现有专科层次高等职业（专科）学校的基础上，发展应用技术类型高校，培养本科层次职业人才……建立以提升职业能力为导向的专业学位研究生培养模式"。这表明，我们通常所说的（专科）高职与本科既存在层次高低之分，也存在类型不同之别。层次之分在于一个是专科，一个是本科。类型的不同在于普通本科属于学科型或学术型教育，其专业划分以学科分类为主要依据，强调的是学科性（需要说明的是，尽管国家在引导一些普通本科高等学校向应用型高等学校转型，重点举办本科层次职业教育，而且也明确了"应用技术类型高等学校是高等教育体系的重要组成部分，与其他普通本科学校具有平等地位"，但必须看到，目前的应用型高校并不等同于职业教育类型，应用型人才也不等同于职业型人才。因为应用型本科从专业设置到培养过程、评价标准尚没有体现职业教育的规律要求，而且许多本科高校虽然都响应转型，却回避了举办职业教育，其中原由不得而知）；而高职属于职业教育，其专业设置则以产业、行业分类为主要依据，突出的是职业性。

2. 高职和本科对学业标准的要求不同

《中华人民共和国高等教育法》对本科教育和专科教育的学业标准给予了严格的界定："本科教育应当使学生比较系统地掌握本学科、专业必需的基础理论、基本知识，掌握本专业必要的基本技能、方法和相关知识，具有从事本专业实际工作和研究工作的初步能力。""专科教育应当使学生掌握本专业必备的基础理论、专门知识，具有从事本专业实际工作的基本技能和初步能力。"

不难看出，在知识体系上，高职教育不必讲求系统性，遵循的是"理论教学必须、够用"的原则（教高〔2000〕2号），以必须掌握"本专业必备的基础理论、专门知识"来体现其高等教育的属性；在课程体系和教学内容上，高职教育区别于普通本科教育的是必须"突出职业能力的培养"（教高〔2006〕16号），以较强的"从事本专业实际工作的基本技能和初步能力"体现其职业性。

3. 高职与本科院校在培养目标上有所不同

虽然高职和普通本科院校培养的都是高级专门人才，但由于两者在层次、类型和学业标准等方面的不同，使得两者的培养目标也必然会有所不同。

高职教育的人才培养目标首见于教高〔2000〕2号文件："适应生产、建设、管理、服务第一线的高等技术应用性专门人才。"此后，教育部文件多次强调，高等职业教育作为高等教育中的职业教育类型，突出的是学生的职业能力和实践能力的培养。而普通本科教育，培养的则是（非技能型）专门人才和创新人才，着力培养学生的创新精神和创新能力。这是高职与本科院校在培养目标上的不同。

然而，高等职业教育仍属于高等教育，所以它培养的不只是一般意义上的技术技能型人才，而应该是高素质的技术技能型人才。作为高素质人才，高职和本科院校都要坚持育人为本、德育为先，深入实施素质教育，努力提高大学生的学习能力、创新创业能力、交流沟通能力、实践能力和社会适应能力。这可能是同属于高等学历教育的两者在培养目标上的相同点。

（二）虽然都具有职业性，但高职人才具有中职人才所不具有的高等教育属性

作为职业教育，中职和高职属于同一类型，培养的都是技能型人才，两者就业取向都具有基层性，因为无论是高等职业教育还是中等职业教育，都是为生产、技术、服务和管理第一线服务，这是两者的相同点。

然而，虽然高职和中职同属职业教育类型，但属于同一类型中的不同层次。高职教育属于高等教育发展过程中的职业教育类型，中职教育则属于中等教育发展过程中的职业教育类型，两者的培养目标是不同的。关于中职教育的人才培养目标，教育部在2000年出台的《关于全面推进素质教育深化中等职业教育教学改革的意见》中的表述是："在生产、服务、技术和管理一线工作的高素质劳动者和中初级专门人才。"由此可见，中等职业教育强调的是技能训练，基本上立足于人才的现实适应性（就业）；高等职业教育作为高等教育，则更注重在夯实和拓宽基础的前提下提高基本技能，更注重人才的长远发展性（不仅能就业，还能持续发展）。

二、从人才培养方案上体现高职人才的特点

综上所述，从类型上讲，高职教育属于职业教育，因此，高职人才的职业能力应该比普通本科人才要强。从层次上讲，高职教育属于高等教育，因此高职人才的理论基础应该比中职人才扎实。所以，要培养真正具有高职特色的人才，就必须在设计人才培养方案时充分考虑高职教育及其人才的这一特点：通过调研，明确企业对专业用人需求量比较大的岗位有哪些？这些岗位的典型工作任务和主要工作内容、岗位职责有哪些？完成这些任务、职责所需要的基本知识、素质和技能有哪些？在此基础上形成支撑人才培养规格（素质、知识、技能）的课程体系，以做到在推动五个对接（即专业设置与产业需求对接、课程内容与职业标准对接、教学过程与生产过程对接、毕业证书与职业资格证书对接、职业教育与终身学习对接）的过程中，"以增强学生就业创业能力为核心，加强思想道德、人文素养教育和技术技能培养"，"关注学生职业生涯和可持续发展需要，促进学生德智体美全面发展"（教职成〔2015〕6号），"加强文化素质教育，坚持知识学习、技能培养与品德修养相统一，将人文素养和职业素质教育纳入人才培养方案，促进职业技能培养与职业精神养成相融合"（教职成〔2015〕9号）。

（一）根据职业岗位（群）或技术领域的需求及学生职业生涯发展的需要将培养目标具体化为培养规格

人才培养目标是人才培养的总原则和总方向，是开展教育教学的基本依

据，应保持基本稳定。人才培养规格则是培养目标的具体化，是组织教育教学的客观依据。随着区域经济和社会发展以及产业、行业需求的变化，随着生产、建设、服务和管理技术水平的提高，职业岗位（群）及技术领域对人才的知识、能力和素质等的具体要求也会发生改变，因此人才培养规格就应该随之调整。

高职教育培养的是"高技能型人才"，此处的"高"是指素质高、技能高。那么具体的素质应该包括哪些内容？又应该具备哪些技能？这就是具体的人才培养规格。只有将高职人才必须具备的素质、掌握的技能以及掌握的程度具体化、明确化，才能明确教学内容和培养方式。

教育部在《职业院校管理水平提升行动计划（2015—2018年）》（教职成〔2015〕7号）中对职业院校教学质量的要求是"学生身心健康、职业道德良好、人文素养高、职业能力强，毕业证书与职业资格证书的'双证书'获得率高"，这实际上是对培养目标的一个总的要求，还需要各院校在制订人才培养方案时从德智体美劳等方面将人才培养目标具体化为人才培养规格。下面以"德"和"智"为例。

"德"是指思想政治素质，包括法律素质和心理素质，这是现代人才的首要素质。具体包括：坚持四项基本原则，以社会主义核心价值观作为行为准则，具有良好的社会公共道德和职业道德修养，遵纪守法，崇尚劳动、敬业守信、创新务实。

"智"主要包括知识和能力。专门人才所需的知识结构包括文化基础知识、专业基础知识和专业知识。对于高职人才而言，文化基础知识主要是为学生实现更高质量就业和职业生涯更好发展奠定基础，主要有语文、数学、外语、艺术、礼仪知识、创新创业知识和必要的现代科技知识，如计算机基础知识、互联网知识等；专业基础知识主要包括专业大类和专业类所需的一些基础知识，是相对比较基础，更新较慢的知识；专业知识实际上就是从事某个职业或岗位所需的专门知识，是随着社会经济技术发展不断发展变化的知识，它建立在基础知识之上，更新速度较快。高职人才的"高"就体现在必须具有一定的文化基础知识和专业基础知识，这既是专业学习的基础，也是知识再生和迁移，进一步学习与提高将来岗位变革的基础。

与知识结构相对应，高职人才的能力素质由基本能力、专业基本技能和职业能力三部分组成。基本能力可定位在学习能力、创新创业能力、交流沟通能力、实践能力和社会适应能力等方面。可以发现，基本能力突出的是高职人才的长远发展，这就是"高等"之要求所在。专业基本能力就是运用专业基础知识的能力，而职业能力在一定意义上则是岗位技能，是从事实际工作的能力。高职人才强调在一定基础上的职业能力训练，其"高"就高在面对日益更新的技术时，其适应能力和提升能力相对较强。

这几个方面，最能体现高职人才培养模式特色的是，相比高职教育，本科不那么突出职业能力（尤其是在目前大力提倡通识教育的情况下），而中职教育的使命又使得它不可能在理论知识上投入更多的精力。高职教育则必须在基础知识、基本技能（包括专业基本技能）和专业知识、职业能力之间寻求最佳结合点。

（二）以培养学生的综合职业能力和可持续发展能力为导向构建课程体系和教学内容

由于高职专业划分以产业、行业分类为主要依据，原则上专业大类对应产业，专业类对应行业，专业对应职业岗位群或技术领域。因此，高职教育要做到"以服务发展为宗旨，以促进就业为导向"，就应该"以社会需求定职业岗位、以职业岗位定职业能力、以职业能力定课程"，以培养学生的综合职业能力和可持续发展能力为导向构建课程体系和教学内容。

"以社会需求定职业岗位"就是根据产业、行业发展的需求来确定专业培养的服务方向——职业岗位（群）或技术领域，这是适应产业、行业发展，特别是技术进步和生产方式变革以及社会公共服务对人才培养的需要，适应地方、产业、行业对技能型人才培养的需要。"以职业岗位定职业能力，以职业能力定课程"就是在确定专业培养的服务方向后，凡是完成职业岗位（群）或技术领域工作任务及可持续发展所需的核心能力就是该专业学生应具备的职业能力，而培养这些职业能力所需的若干课程则构成该专业的课程体系。也就是说，高职教育的课程体系和教学内容需以增强学生的就业能力和可持续发展能力为目标，根据具体的职业岗位（群）或技术领域的需求来设置。

在具体的人才培养方案设计工作中，则需根据前面对人才培养规格的定位，首先确定公共素质教育平台课如思政课、体育课、计算机应用基础课、大学语文课、礼仪课、公共艺术课、创业基础课以及与专业大类、专业类相对应的专业基础平台课等。

接下来，需要在调查分析市场需求的基础上，结合办学条件，为每一个专业确定一个或多个职业资格证书（实际上就是确定专业的就业岗位群）。根据岗位（群）的任职要求，对接行业规范、职业标准和岗位规范，设置课程体系、优化课程结构、更新课程内容。对于有职业资格证书的专业来讲，职业技能鉴定时所鉴定的技能就是这个专业的核心职业能力，职业资格证书考试的课程就是这个专业的核心专业课程。核心课程的前导课程以及训练核心职业能力及其基础能力的相关课程、训练项目就构成了这个专业的课程体系和教学内容。

需要说明的是，这一工作需要深入地开展调研论证，需要行业、企业人员的参与。而且，在课程的开设方式上，除了思政课、体育课等教育部有严格要求的文化基础课以及核心专业课为必修课外，其他课程完全可以为选修课方式设置（为满足学生多样化、个性化的需求应该加大选修课设置范围，同时建立非核心课之间的学分互认机制），也就是说，在构建课程体系时要注意处理好必修与选修的关系，除此之外，还要处理好理论与实践、课内与课外、公共基础课与专业课等方面的关系：精简课堂讲授学时（学时不在多，而在内容够用、能用），强化实践教学；课外素质教育纳入人才培养方案，与课内教学相互补充与促进；公共基础课与专业课间相互融通和配合。

（三）根据职业教育的特殊性和学生身心特点以"工学结合"或模拟工作过程为导向改革教学方式

既然职业教育是"干什么，学什么；缺什么，补什么；要什么，给什么"，那么，在设置好课程体系、规定好教学内容之后，就要遵循职业教育规律和学生身心发展规律，把握职业教育突出"做中学、学中做"的特殊性和学生不喜欢枯燥的理论灌输、更乐意动手的实际，通过工学结合或模拟仿真工作过程来改革教学方式，落实这些教学内容。具体可体现在以下五个方面：

（1）凡能聘请企业专业技术人员和高技能人才承担的专业课程教学和实践教学任务就交由校外兼职教师承担，能放到校外实习/实训基地完成的

实训类课程就不安排在校内进行，逐渐做到校内教师教理论、企业教师教技能。

（2）凡能在校内实验、实训室完成教学任务的课程尽量在实验、实训室用实验、实训的方式完成教学任务，而且所有专业都要在全部专业课结束后安排一次综合实训或模拟通过模拟软件，仿真实际工作过程。

（3）变"教材写什么，课堂就讲什么"为"学生毕业后工作需要掌握什么，课堂才讲什么"，每一门课程都要对接培养方案的要求，明确本课程的培养目标，特别是要根据专业培养目标把每门课程的应知应会明确告诉学生，让学生掌握。对于核心专业课，还应该将企业的岗位操作规程、技能竞赛大纲、职业资格证书考核标准嵌入课程标准和教学过程。

（4）改进教学方法，普及推广项目教学、案例教学、情境教学、工作过程导向教学，广泛运用启发式、探究式、讨论式教学；改革考试评价方式，凡是职业资格证书考试课程，其校内对应课程的考试与职业技能鉴定合并进行，凡是能模拟工作过程进行考核评价的课程就不再用一纸试卷定成绩，充分激发学生的学习兴趣和积极性。

（5）利用寒暑假和第三学年安排累积不少于6个月的企业顶（跟）岗实习，让学生真正走进社会、走进企业，熟悉实际工作过程，为就业奠定坚实的基础。

通过这些要求，既保证了理论教学对知识的传授，更保证了实践教学对技能的锻炼。

诚然，培养方案只是一种设计，要保证培养方案落到实处，还需在"双师型"教师、教学团队、实验室、实习实训基地等方面予以保证。只有这样，才能体现出高职教育的特色，培养出具有高职人才特点的人才。

三、关于修订专业人才培养方案的几点建议[①]

近期，学校启动了新一轮人才培养方案修订工作，考虑到培养方案是人

---

① 这是2016年6月27日在教学工作例会上针对学院人才培养方案修订工作的发言稿。

才培养的蓝图，虽然从专业负责人到系主任都在对培养方案把关，但分管教学的院长从来都是方案最终的批准者。为此，我逐一剖析了全院26个专业的培养方案初稿，对每个专业的建议已经分别发给了各系主任并请系主任组织各专业教师讨论。

需要说明的是，对我们的专业，我不是特别懂，提出的建议肯定无法面面俱到，所以只起抛砖引玉的作用，供各专业参考，最终以各专业教师讨论的结果为准。

在剖析的过程中，我从教学管理的角度发现了一些共性的问题，针对这些共性问题，经与教务处交流之后，本着把我们的专业建设得更好、更有特色的原则，提出以下原则性建议，请各专业教师，包括公共基础课、素质教育课教师参阅执行。

（一）培养方案制订的基本要求和思路

培养方案的制订需要去企业调研，也需要同一个专业的教师们坐在一起商议。

基本思路如下：

1. 确定本专业培养目标

全部专业，建议均按以下模板表述：

本专业主要为××、××行业（或面向××地域/领域），培养身心健康、职业道德良好、人文素养高、职业能力强，掌握本专业必备的××等基础理论和专门知识，具有××等基本技能和初步能力，能够从事××工作的高素质技术技能人才。

其中，"身心健康、职业道德良好、人文素养高、职业能力强"是教育部2015年文件中对职业教育人才培养目标的要求；"使学生掌握本专业必备的基础理论、专门知识，具有从事本专业实际工作的基本技能和初步能力"是《中华人民共和国高等教育法》对专科教育学业标准的界定。

2. 把培养目标进一步具体化

（1）进一步明确具体的就业方向，即和本专业最直接相关的职业领域、核心岗位（群），也就是说清楚本专业主要为哪些行业/企业或哪些领域/地域培养人——把培养目标中"主要为××、××行业（或面向××地域

/领域）""能够从事××工作"这两处具体化。表述方式参考格式：①面向城市轨道交通运营管理单位（或各铁路局/或××单位/企业/部门），从事××工作；②面向重庆及西南地区（或满足"一带一路"建设的需要），从事××工作。这样就把学校总的服务方向定位"满足集团需求、适应地方需要、服务高铁丝路、助推行业发展"落到了实处。必须说明的是，将来这个专业学生实际就业去向要真的和我们现在所表述的相接近（这是人才培养目标的达成度，也是培养质量的体现）。

校领导一致认为，职业领域/就业领域（专业方向）不宜超过三类，否则太宽，既不符合职业教育的要求，又不利于我们做出特色。对于来讲，要么面向公共交通运输行业（轨道、铁路、公路），要么与此相关行业。同样的道理，每个专业重点培养的初始就业核心岗位（群）也不宜过多，建议不超过三个。这样，对这些岗位的核心能力要求、课程设置也就比较清晰了。毕竟，什么岗位的人都培养既不现实也没有多大意义，而且岗位过多意味着需要开设的课程就多，这和职业教育要求的"知识够用、能用、实用"的原则相悖。如果考虑到学生可能会在我们确定的主要岗位之外就业，为了对学生负责，可以在第五学期给他们开设相应的课程有针对性地进行强化。这时，学生知道自己将要从事什么工作，学习积极性可能会更好。

各专业要区别核心岗位、相关岗位和发展岗位，不能将其混为一谈。在校期间，我们主要培养核心岗位所需的人才。因为所需技能相近，所以学生也可以到相关岗位去就业，但不能因此就把这些岗位当作核心岗位。

（2）进一步明确具体的人才培养规格（包括理论知识、职业素质、技能、职业资格证书四个方面）——把培养目标中"培养身心健康、职业道德良好、人文素养高、职业能力强，掌握本专业必备的××等基础理论和专门知识，具有××等基本技能和初步能力"内容具体化。

① 理论知识主要指本专业核心岗位必备的基础理论和专门知识（描述时不要遗漏了素质教育课和公共基础课所传授的知识）。

② 职业素质主要指本专业核心岗位在身心、职业道德、态度、人文素养方面的要求（主要通过素质教育课、公共基础课和第二课堂来实现）。

③ 技能是指从事本专业核心岗位实际工作所需的基本技能和初步能力

（也就是我们所说的核心能力）。

④ 职业资格证书一定要符合本专业的培养目标，是核心岗位工作所需要的，对核心能力的培养有支撑作用，而且是学生在校期间能够获得的。但不能为了证书而推荐一些不相关的考试。当然，可以按照教务处给出的模板，分为必考和选考两类，把鼓励、希望学生考取的资格证书告诉学生，让学生有所选择。

需要说明的是，理论知识、职业素质、技能，每一条具体的要求都需要在后面的课程设置表中有对应的课程（如公共课、素质课、专业基础课、技术技能课、实训课、选修课、第二课堂）来支撑，包括职业资格证书，也要求有对应的课程来支撑。当然，一门课程可能支撑好几条要求，一条要求也可能需要好几门课程来支撑。否则，人才培养目标和规格就落不到实处，人才培养目标的达成度就降低了。

3. 明确实现具体培养规格所需的主要课程

如果学生要掌握上述所要求的理论知识、职业素质、技能，要考取上述职业资格证书，必须开设哪些主要课程？

（1）公共基础课和素质教育课。这两类课程之前结合院的实际已经设置到位，这次仅仅是根据形势的变化和执行效果对课程名称与课时进行微调。

（2）专业课程，包括专业基础课、技术技能课和独立实训课。这些课程由各专业根据培养目标和规格的要求来设定。明确了需要开设的课程之后，就可以用表格的形式把核心岗位所要求的核心能力及支撑这些核心能力的主干课程直观地对应出来。

需要注意的是，不同的专业有着不同的人才培养目标和就业方向、规格要求，因此支撑这些要求的专业主干课程也应有所区别，但有两对专业开设的课程却几乎一模一样（分别只有1门和2门之差），完全办成了一个专业。我是外行，基本不懂这几个专业，但正是作为外行，我在想，我们该如何给学生解释这两个专业的不同？如何引导学生认识自己的专业、选择将来的就业？当考生和家长看到招生宣传册上两个不同的专业却开设完全相同的课程，会有什么样的思考和选择？

当然，同一专业群的专业培养方向和课程设置有交叉和重复属于正常现象，而且鼓励同一专业群的专业开设大平台课，但这不等于把两个不同的专业办成一个几乎相同的专业。每个专业还是应该有自己的侧重点，要做到这一点，需要大家坐到一起商议才行。

另外，课程的确定需要调研，需要行业、企业人员参与，需要同一个专业的教师坐在一起商议。例如，①课程前后衔接关系——哪门课先开、哪门课后开？②B类课（理实一体化的课程）理论与实践的比例怎样安排更合适？③A类课（纯理论课）和C类课（独立实训课）之间的教学目标、教学内容和方式如何有效地衔接？④名称相近、内容有重叠的专业课是整合为一门课（包括如何整合）还是明确各自的教学任务的分工（包括课时分配），以减少或防止教学内容不必要的重复？这些问题商议好之后就需要撰写每门课程的课程标准。

（二）课程标准的制定

每个专业的人才培养目标最终要落实到每一门课程上，也就是说，每一门课的课程目标要能够支撑专业人才培养规格，而每一门课的课程内容则要支撑这门课程的课程目标，然后再根据教学内容选择教学方式、评价考核方式。

课程标准规定了每门课程的教学目标、教学内容、教学方式和考评方式。

1. 课程标准的主要内容

课程标准属于培养方案的组成部分，是培养方案的具体化。一般包括（但不限于）：课程目标（主要培养学生的哪些素养和能力）、教学内容（包括重难点及其处理）、教学方法、考核评价方式。课程标准还要反映本课程在人才培养方案中的性质和作用，以及与前后课程之间的关系。所以每一位任课教师（包括公共课和素质课教师）都要熟悉所带班级的专业人才培养方案，以提高课堂教学的针对性。

2. 根据课程标准选择符合要求的教材

关于教材的选择，按照"三对接"（课程内容对接职业标准、教学过程对接生产过程、学历证书对接职业资格证书）要求执行。

（1）直接选用行业、企业员工在职培训或岗前培训用书（也可用作教师辅助教材）。这些培训用书可能不一定是教材，但既然是企业培训所用，那我们就可以使用，这就是职业教育。需要注意的是，我们教师要能驾驭企业培训用书。虽然因为缺少现场经验可能对一些案例不能很好地驾驭，但从另一个角度来讲，使用这类教材刚好可以弥补我们的教师实践经验不足，能帮助教师们将理论知识与企业案例有机结合。

（2）必考的职业资格证书对应的课程，理论上应该是学生上完这些课程参加考证就能考过，所以可以选用考证用书开展嵌入式教学。

在没有可选的企业培训用书和考证用书时，我们最好按照教育部的要求优先选用规划目录中的教材或是我们拿到样书比较之后选择更适合使用的教材。

由于市面上的一些教材编写水平参差不齐，与我们的要求也有差距，这时我们可以整合现有教材，根据我们的课程标准编写满足我们教学需要的讲义，讲义经过实践之后进行完善，就可以出版为教材了。

在这里，需要注意两点：一是教师应根据课程标准选择教材，而不是根据教材写课程标准；二是选教材时，教师手中一定要有样书，这样，出错的可能性就会很小。

3. 素质教育课和公共基础课的课程标准应因专业不同而有所不同

同一门课，包括专业课，尤其是公共基础课和素质教育课，一定要结合专业，在教学内容和案例的选取上有所区别，把每个专业对人才所要求的基础理论和职业素养贯彻到课程标准中。

例如，"职场礼仪"要以基本的社交礼仪（如仪容仪态礼仪、服饰礼仪、见面与交谈礼仪、接待和拜访礼仪、会议与宴请礼仪、公共场合礼仪等）为主，还要灌输基本的学校礼仪（遇到教师要问好、遇到来校参观考察的领导要主动问好，在校期间的衣着、行为举止等）、服从意识（适应铁路行业准军事化管理）等内容，这是我们开设该课程的目的。

"普通话与演讲"除了保证学生参加普通话测试外，还应重点加强人际沟通方面的训练，从而提高学生的口头表达能力。

"就业指导"要加强求职礼仪、个人简历、面试沟通和就业观指导。

"计算机基础"要根据不同专业的需要制定不同的标准，有的重在办公

自动化、文档处理，有的重在考证，有的重在网络应用。

"高职英语"，第一学期重在过级强化，第二期在制定标准时是否可以与专业英语相结合，以情景模拟为主，重在训练学生基本的职场口语。

"应用文写作"要引入文秘基本知识，以学生就业后实用文书知识（如工作计划、总结、请示、汇报、请假等）为主要内容，提高学生的书面表达能力。

"思想道德修养与法律基础"要结合我院国企办学、行业背景的实际，引进行业文化，针对学生的现状，重点开展人生观和纪律观、劳动观、吃苦耐劳精神，职业道德和行业（企业）守则教育。我看了铁道专业教委推荐的铁道专业的"思想道德修养与法律基础"课使用教材——《铁道职业道德》（包含法律部分），其实际内容完全符合教育部的要求（我是学思政的，心中还是有这个底气的）。我认为铁道专业的"思想道德修养与法律基础"课完全可以按照《铁道职业道德》拟定课程标准。

再比如，成都铁路局职工教育处主编、中国铁道出版社出版的《新职人员岗前培训教材》中的第二章企业文化、第三章铁路职业道德、第四章法律法规、第六章常用应用文写作，这些内容是否应该列为铁道相关专业"应用文写作""思想道德修养与法律基础"两门课教学的重点？这样，是否可以改变这些课程空对空、学生觉得没什么用的现状，从而提高课程的吸引力？建议下学期开始，给铁道类专业上课的教师要将这些内容纳入课程标准、嵌入教学中，而不再是一本教案被全院通用。

公共基础课、素质教育课是为各业人才培养服务的，因此，各专业要对这类课程提出本专业的特殊要求，这类课程的任课教师也要主动结合专业培养目标，根据专业需要组织教学，而不能千篇一律。朝这方面努力，不仅对教师的水平有极大的促进，而且课程特色和教学效果也会有较大提升。

4. 培养方案所涉及的名称必须一致

培养方案中全部课程，不管在什么地方出现（如课程进程表、主干课程介绍、课程标准、教学任务书、课表），其名称必须保持一致。

四、制（修）订人才培养方案的基本要求①

1. 要确定专业培养目标及毕业要求

（1）先去企业调研，了解本专业就业主要岗位及岗位对员工的知识、能力、技能、素质的要求。

调研，首先一定要明确每个专业主要面向什么企业的什么岗位（群）。这个就业岗位（群）不要太多，多就太杂了，我们也做不到，反而不利于人才培养。所以，我认为一定要明确一个主要的就业岗位（群），据此明确本专业的培养规格、证书要求、毕业要求。

（2）调研后形成的初稿，请企业专家和技术专业人员与校内团队一起研讨完善。我们确定的这些岗位（群），这些培养目标，这些规格要求是否合适？为什么要三年一大改，一年一微调？我们自己心中要十分清楚。

作为教师，有一点一定要做到心中有数，那就是我们现在的培养方案培养面向的是三年之后的人才，我们现在认为是合适的课程和技术，三年之后可能会被企业淘汰，所以一定要有对各行业、企业发展的预见性和前瞻性。

2. 构建课程体系

有了培养目标，就要落实到具体的课程上，这是关键。培养目标、培养规格需要有具体课程支撑，因此要将培养规格也就是我们的素质、技能、知识要求落实到具体的课程上，用具体的课程来支撑培养规格，就是相当于把我们的培养规格细化到每一门课的教学中。

例如，哪几门课程培养学生的职业道德？哪些知识可以支撑培养学生懂法？哪一门或哪几门课程能培养学生的安全意识？这些都要落实到具体的课程中。这就相当于把培养规格细化到每一门课的教学目标中。这里，要注意三点，第一，不能为培养规格做支撑的课程要淘汰。第二，内容有重复、有交叉的课程要重组，要整合。第三，找不到支撑课程的培养规格要加开课程。例如，企业需要学生具备某项技能，可是我们现在的培养方案里却没有相应的课程来支撑这项技能的培养，这时我们就要加开相应的课程以培养学

89

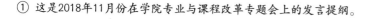

① 这是2018年11月份在学院专业与课程改革专题会上的发言提纲。

生的该项技能。这项工作怎么做呢？真的不是专业负责人埋头写出来的。专业负责人在经过认真调研就形成初稿之后，要整个专业的教师坐在一起研讨。

3. 制定课程标准

课程标准的作用是细化培养目标，比如我所任教的这门课程要培养什么能力？我通过哪些教学内容来培养学生的这些能力？课程标准规定了这一门课程在培养方案中的地位。我们现在有一个不好的做法，是先有教材，再有课程标准——先选一门教材，然后根据教材来写课程标准，这是不对的。正确的方法是先有课程标准，然后选择符合课程标准要求的教材；如果没有合适的教材，就自编讲义或者自编教材。

课程标准要重点解决三个问题：第一，应知应会，即这门课的重点。这是学生上这门课程时必须记住的知识或者必须掌握的技能，应该明确到每一节课。一定要看我这一门课程时应知应会到底是不是企业所需要的？到底是教师自己认为重要的，还是企业认为需要的？第二，教学设计，主要是教学方法和教学手段。第三，考核评价方式。课程标准的这三个方面由负责人提出来之后，上同一门课的教师一定要坐在一起研讨，特别是应知应会和考核方法要统一。至于教学方法则各有各的不同。

我认为，专业指导委员会一年至少要开两次会，重点研讨培养方案和核心课程的课程标准，这个要落到实处。我们每次去企业调研学习的时候，教师们就可以把自己所教的这一门课的课程标准，拿到企业现场去请教企业的师傅，课程标准怎么落地，这是最关键的。

学生技能竞赛要嵌入日常教学中 ①

一、各系要认真组织师生学习学校的文件和制度

各系应该认真组织教师及时学习学校的文件、制度，不能总是办公室秘书收到文件后直接转发系里的教师群就完事。通过学习文件，能够保证教师的工作与学校的工作思路、要求相一致，同时也是统一思想和认识、凝聚人心、营造氛围的过程，有助于工作的顺利开展。

不仅要组织教师学，凡涉及学生利益的文件，我们的辅导员、班导师还要在自己学习之后再组织学生学习。例如，《学分互认管理办法》《学生竞赛工作管理办法》和《学籍管理办法》等激励学生参加技能竞赛的文件，就需要组织学生学习，不能因为《学生手册》上有就不组织学习。又如，办公室王主任说他给学生讲了这几个制度和文件后，学生很兴奋，"原来学校有这么多对我们好的制度文件！"刚才大家说，学生参赛积极性不够，有学生有畏难因素存在，其实我觉得可能也与我们的制度宣讲不到位有关。

我们要学会举一反三，不仅这项工作，其他工作也是一样，要及时组织大家学习学校的制度和文件。我们有好的制度体系，这还不够，关键是要组织学习，边学习边落实。

91

---

① 本文节选于2018年上半年学院技能竞赛专题会上的发言稿。

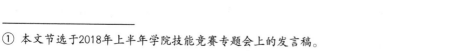

二、将竞赛的要求嵌入日常教学中

今天令我感到很欣慰的一件事是推了两年的嵌入式教学改革，几位系主任今天都主动意识到这项工作的重要性，都提出来要把我们的技能竞赛和职业资格证书的内容嵌入我们的教学工作中，把技能竞赛和专业建设、实训室建设和课程教学结合起来。不能平时不吱声，要参加比赛了就提出来买设备或软件，然后没获奖就将责任推脱为没有买设备或软件。那我就要问，如果没有竞赛所需的软件，我们平时教学怎么开展的？能保证质量吗？如果设备和软件是教学必需的，那就应该要有一套实习实训室建设方案，明确要采购的软件、设备的数量、时间，必须买，以确保教学需要。如果没有这些软件，人才培养方案也能正常实施，那就不能把责任都推给没有软件、设备了。

2017年我们已经把技能竞赛、职业资格证书所对应的课程列出来了，学校也专门发文确认过。2018年在修订课程标准的时候就应该把这些内容嵌入——技能竞赛、职业资格证书所考核的知识点，就是平时教学的重点。比赛不是目的，通过比赛来检验我们的教学、推进我们的教学才是目的，所以一定要将要求嵌入我们平时的教学中。

学生学得怎么样、参加竞赛能否获奖，与指导教师的水平、责任心息息相关，与大家的重视程度成正比。各系要做好竞赛指导教师的选拔工作，要根据已经确定的与专业关联度高的赛事组建指导教师团队，不要每年都更换指导教师。

汽车工程系的机器人大赛为什么每年都能获奖？一个很重要的原因就是他们每年都是同一个教师在指导，这位教师对竞赛规程已经掌握得很熟练了。如果换一位指导教师，他就要重新去研究比赛政策、方法、规程等内容，指导效果就会大打折扣。这也告诉我们，组建指导教师团队，可以有效地保证竞赛指导工作质量。团队首先要做的就是研究竞赛大纲等内容，然后嵌入平时的教学中。2017年有个参赛项目没有获奖，学生告诉我说比赛的内容平时上课时教师没有讲过；2018年虽然也没有获奖，但是学生说2018年比赛的内容平时上课都基本讲过，这就是一种进步，也说明我们教师的工作还有很大的提升空间。

三、竞赛训练要早谋划、早准备

有一点大家提到了，但是没有做到，那就是我们一定要提前谋划竞赛训练，氛围要提前渲染。例如，2018年的市场营销技能竞赛赛后总结说，我们的学生Excel操作水平不高。那么，这次人才培养方案修订时是否有相应解决措施？如何来强化这个专业学生的这项技能？要有安排，否则，明年还会是这个结果。

教务处也说了要提前做好准备，有的赛项今年就一个星期的准备时间，所以平时学得再好，赛前也要有充足的准备时间，而且准备工作应该提前，尤其是连续两年都没有获奖的系，一定要做到今年就要准备明年的比赛；明年上半年的比赛，现在就要开始准备。

四、完善竞赛指导教师工作量制度，合理安排指导教师工作量

各系都提出，指导教师既要去上课又要指导学生训练，很辛苦。因此，一方面，各系要利用优质校建设的机会加快师资的引进；另一方面，要提前做安排，下半年有指导比赛任务的教师，在安排下学期的课的时候就可以相对少一点儿，但也要保证教师的收入不会减少。这一点教务处、人力资源处也要有考虑。

我们的制度需要跟进，比如，目前指导教师的工作量，不管什么级别的赛事都是30个课时。当然，大家要看到，我们的制度比原来已经有进步了，原来是只有获奖的才有指导费，2016年改为只要参加比赛就认可教师的指导工作量。但现在看来，激励力度还不够，应该再进一步。教务处建议按市级、国家级不同级别分别计算工作量，我同意这个建议，这个工作应该做。请教务处、人力资源处尽快修订教师工作量计算办法。

五、做好参赛学生的选拔工作

关于选人的问题，我记得我们当时在讨论《学分互认管理办法》的时候，黄主任提出一个建议，我觉得可以，原则上不要让大一年级的学生作为

竞赛的主力，因为他们的专业课都还没有学。但他们可以作为一个梯队，是未来的主力，大二、大三年级的学生则是当前的主力。还有，比赛对应的课程原先安排在第四学期，但是比赛往往在第三学期，那么我们在修订人才培养方案的时候可以把课程顺序调整一下。这是可以的，也是应该的。怎么有利于教学我们就怎么做！

六、用技能竞赛训练代替跟（顶）岗实习

我当时还提了一个建议，后来没有讨论。今天再次提出来，能不能让参加竞赛的大三年级学生用参加竞赛代替他们的跟（顶）岗实习？我觉得这可能比学生找一个对口度不大的工作单位去实习更管用。大家会后可以讨论，如果可以，我们就把它修订到制度中去。如果不能达成一致，可以试点。哪个系觉得可以，就先试一试。正所谓实践出真知！其实通常约束我们的往往不是制度，而是我们自己的思想——因为还没有哪个文件和制度说不可以这么做！

94

嵌入式教学改革、教师技能竞赛及在线开放课程建设 ①

今年以来，教务处的事情特别多，大家的工作都特别忙。虽然忙，但还是要肯定，绝大部分具体事务你们都完成得非常好。但不知不觉中也显露出另一个现象，那就是忙起来就没时间进行系统思考，于是就出现在一些需要沉下心来学习思考研究的工作上总是欠缺火候，总是与学校的要求慢半拍的情况，主要表现为在教学规范性上越来越规范，但在教学内涵建设上，观念尚未转变、行动显得迟缓。这很正常，因为学校在发展，对大家的要求必然会提高，关键是我们能正视并主动跟进。

围绕优质校建设和2018年的工作计划，有三项需要特别强调的重点工作，我再分别谈一下个人的看法。

一、关于嵌入式教学改革

2018年年初的《课程成绩（学分）互认管理办法》中，每个专业已经确定了1～2项最能反映本专业主要就业岗位核心技能的竞赛项目，为什么要这么做？就是为了能推进嵌入式教学改革。

接下来需要列出竞赛对应的教学内容，分解成若干知识点，归入相应课程，把竞赛大纲转化为课程标准，按照比赛的要求开展教学。因此接下来各教科研团队的教研活动，重点就是完成这项工作：核心竞赛项目——对应课

① 本文是2018年10月8日在教务处处务会上的发言稿。

95

程及其课程标准，下学期投入实施；职业资格证书课程、企业岗位标准等对应课程也可以这样做。2018年先推进竞赛对应课程；2019年重点推进校企合作对标课程。

要达到的初步目的：我们的教学不再是教材怎么写，我们就怎么讲，而是把大赛或资格证书大纲或标准拆分为若干个知识点，形成我们的课程体系和教学内容，这样，这类课程在建在线开放课程、编写教材的时候，知识体系就有自己的特色了。

我们要有紧迫感，要尽快把《嵌入式教学改革指导性意见》研究出来，告诉大家怎么做，方便各系以教科研团队为单位具体落实。

关于核心赛项的确认，要重新研究，由各教科研团队提出，团队成员广泛讨论、论证，最好能经过专业指导委员会确认，而不是几个人说了算。教务处汇总后，可以各系逐一沟通。这个核心赛项，学校领导认为应该是在当前能提升学校知名度的赛事，如教育部、人社部、交通运输部组织的赛事，包括行指委组织的全国性比赛，也是我们检验自己、宣传自己最好的赛事！

这类赛事就不再分一类和二类，在我校，都是一类！都要重奖！其实，这种专业类的比赛，教师在指导的时候不会过多关注举办单位是谁，都会用心去指导的。别的学校可能不重视有些二类比赛，但我们是新建院校，需要这些成绩去检验自己！"在什么山头唱什么歌"！不同的发展阶段，关注点是不同的。这就需要具体问题具体分析，我们要有辩证思维。学习别人，不是照搬别人的做法，而是要与我们的实际相结合。

关于学生参加比赛和平时教学的关系，大家要明白并处理好，不是说重视比赛就不重视平时的教学质量，落实嵌入式教学改革就是为了提高并保证平时的教学质量，这是对全体学生而言的；也不是说重视平时教学质量就不去重视比赛，参赛只能是少数，我们要通过少数带动多数。我们是发展中的学校，需要通过比赛来营造氛围、树立导向、检验教学、宣传自我。不下大力气去鼓励、奖励比赛，就很难有氛围，很难有大面积的普及与重视。国家对世界技能竞赛的奖励力度之大胆值得我们学习！许多学校学分互认的做法也值得我们学习！改革不怕胆子大，但是心要细、动作要稳！

二、关于本学期教师教学技能竞赛

我们的目的是通过提高教师的教学能力来提高课堂教学质量。因此无论是嵌入式教学改革也好，或是技能竞赛也好，或是精品在线开放课程也好，我们都要围绕着一个中心——执行嵌入式教学改革的课程，并且能够应用信息化教学技术，实行翻转课堂、混合式教学。这就是这次教师技能竞赛的主要考核点。换句话说，就是参赛基本条件有两点：一是实行了嵌入式教改；二是应用了信息化技术。

课堂教学质量是学校教育教学质量的根本保障。如果课堂教学吸引不了学生，一切都没有意义。如果每次都不得不依靠赛前强化来提高成绩，那就只能是为了比赛而比赛，对教学质量的提高帮助不大。所以，归根结底，我们还是要抓课堂教学质量。这个课堂，不仅是理论课，还包括实践课、技能课，是进入人才培养方案的全部课程的课堂！

我的意见：2018年的教师教学技能竞赛，不要搞成2017年那种集中表演的形式，可以用2017年大家曾建议的那种评委直接到参赛教师课堂随机听课的方式，最后评出教学能手奖，分理论课和技能课（实践课）两类。

对比赛结果，还要加大奖励力度。上课吸引学生、受学生欢迎的教师，不正是我们需要的教师吗？既然我们需要教师提高教学技能和质量，那凡是提高教学技能和质量的行为就应该得到认可、获得奖励，这样才能形成好的风气。我向人力资源处反映了，新修订的制度要体现对实行嵌入式教学改革、应用信息化技术开展教学的教师工作量的认可，要鼓励教师投身教学改革、提升教学技能。加大对教师提升教学技能、参与技能竞赛获奖等的奖励力度，是激发教师投身教学的必然途径。

多说一句，在我们这个层面，不要过多去考虑办学成本，而应该多思考如何增加教学投入，在教学上计较成本是很难取得改革性的成绩！一人多职、在办公条件上多节约，才是正确的成本观！

三、关于在线开放课程建设

录播室、平台的引进继续推进，是这项工作的一部分。此外，我们还要

了解并推进学校课程建设总体情况。

一是列出必须建成的在线课程名称，团队人员、负责人、课程网址。一个一个地浏览，督促建设进度，提出修改意见，指导帮助完善。这样做既是为了了解情况，作为教学院长、教务处长、教研科长、系主任、团队负责人、专业带头人，我们至少得知道有多少门在建课程，建得怎么样？最好还能结合建设标准提出完善建议，这是基本的职责所在。同时对我们自己来说也是一个学习的过程，不能当了管理者之后，就远离教学工作、远离教师。别忘了我们教学管理人员，还有一个身份是教师！我们要求教师做到的，自己也应该能做到。我们要想到自己的后路——如果不能往前，那能不能回到教师岗位上做一个合格的教师？我们现在要求教师必须做到的，自己能不能做到？要求教师建精品在线课、搞翻转课堂，自己会不会建？

二是督促各系抓紧开展视频的录制工作。上传到网上的课程可以一部分是课件或者讲义，也可以一部分是在课堂上让学生用手机录制的简单的上课视频。但是要想冲击省级或者国家级的精品在线开放课程，还得有一定数量的专门录制的效果好的视频。作为教学管理人员，我们应该清楚这一点，也应该向教师传达这一点，让教师也知道怎么去建。

三是建的目的是为了使用。所谓用起来，就是要利用这个平台，让学生课前看、课后学，同时教师在这个平台上和学生有互动，要有一定量的在线时间、答疑时间，学生有在网上观看视频和课程的记录，也能够在网上完成作业和教师交流。

搭建的平台一定要用起来，和课堂教学改革结合起来，一起推动课堂教学质量提升，否则就没有必要去建了。精品课程的建设，视频很重要，但不是最重要的，最重要的是把这一门课程拆成若干个相互关联的知识点，每个知识点拍成视频时间在十分钟左右，这是关键。知识点前后逻辑合不合理？视频中教师的讲课是否吸引人是关键。不明白这些，我们教师的工作就只能是被动的。

开学、期中、期末与毕业季[①]

一、开学准备工作

1. 春季开学

全新的一年，全新的姿态，我们要以饱满的热情迎接学生返校。教材、教师、教室（包括实训室）、课表要准备到位，教室、宿舍、食堂、实验室的卫生要全面做好；教务处要安排好期初教学检查；各系要提醒任课教师，上好第一节、第一周的课；周一早上1~2节课有课的教师一定不要迟到；有外聘教师的课，系里面既要一一通知到位，还要有教师临时请假或迟到的预案；辅导员要巡察自己所带的班级教室。

2. 秋季开学

一是全院上下都要以全新的姿态、热情的态度迎接老生和新生，确保新生、老生学籍注册无差错。主要体现在环境卫生干净整洁，安全保卫井然有序，后勤服务舒适放心，教师、教室、教材准备到位。新生报到、入学教育（包括专业认知、学业发展途径）等都要认真准备、悉心准备、考虑充分。

二是各系要在这几天对本系全体教师，包括专职和兼职、兼课教师做一次开学动员，全体教师要上好第一节课、第一周的课、第一个月的课，有好的开头然后坚持下去，课堂质量才能有保证。任课教师和辅导员要加强沟通和联动，抓好课堂、管好课堂，提高课堂教学效果和质量。

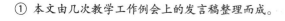
① 本文由几次教学工作例会上的发言稿整理而成。

三是不能只顾校内学生而忽视了没有按时报到注册的学生和在外实习的学生。辅导员、任课教师要督促该报到的学生按时报到，报到之后还要做好学生的收心工作，学生处、教务处要共同做好在外实习学生的教育和管理。另外，还要专题研究，做好订单班的教学安排及管理工作。

3. 秋季开学（2）

全院上下要以人才培养为中心，集中阶段性注意力，全力做好开学季工作，确保开学平稳顺利，用行动实践全员育人。怎么做？

（1）新学期新气象，全力做好开学准备工作：后勤保障、安全保卫、环境卫生、工作态度一定要细致、细致、再细致。提醒2015、2016级学生及时返校报到缴费；提醒2017级新生按时到校注册；教学楼、实训室、操场、图书馆、公寓楼、各部门办公室都要做好卫生清洁工作。各系要做好实验室卫生清洁和新生入学家长参观准备。

（2）各系要做好开学动员，做好开课准备：关心教师暑假后的思想动态，提醒教师收心；检查教材、课表、教学任务的落实情况；检查教师的教案准备情况；做好新教师第一堂课的试讲演练。关心、培养青年教师，是我们管理者的职责，是对学生、对教师、对学校发展负责的表现。

（3）关心学生暑假后的思想动态，做好新学期动员：上学期的课程成绩是否全都录入了系统？做好有补考的学生的思想教育工作，督促他们好好复习，力争补考及格。特别要再次通知在外实习、实践的学生——学费怎么交？这学期的课程怎么办？让他们放心在外，安心实习。

二、关于期中教学检查师生座谈会意见的反馈处理

1. 认真对待师生反映的问题

教师和学生是基于希望学校发展越来越好才提出意见和建议。我们要反思，为什么已经做了这么多工作，师生却不知道？说明沟通渠道不畅通。为什么有些工作我们总是滞后？说明我们平时可能忽视了师生的诉求。因此，收集意见—处理意见—反馈意见，形成一个闭环系统，有利于打通职能部门和师生的沟通渠道，改进我们的工作，增强师生对学校的归属感。2015年下半年我们在这方面已经开了个好头，2016年上半年通过"教学检查与反

馈制度"把这个好的做法制度化了，今后还要继续坚持。

2. 真诚、积极面对师生反映的问题并改进我们的工作

这是一个单位以人为本的体现，是一个真正以人为本的单位走向正轨、不断发展的必然选择。希望大家能把这项工作和正在进行的"两学一做"结合起来，认真对待、按时做好，我相信大家都能做到。做好了，师生对我们的工作就会竖大拇指表示称赞，就会支持我们的工作，就会认可学校。

3. 我们的质量监控体系已经很健全，制度也很齐备，关键是执行

教学检查与监控不是目的，通过检查发现好的典型推而广之，发现存在的问题找出原因及时整改才是目的，所以2016年出台的《常规教学检查与反馈制度》《教学巡察与听课制度》《学生信息员制度》都强调了结果的反馈处理，也坚持得很好，今后要继续保持好的势头。

三、期末复习、考试工作

1. 考试方式要多样化，突出实践性和应用性

不能每门课都要求学生死记硬背，这就很难考出学生的水平。命题要按照课程标准的要求，要结合我院学生实际进行。

2. 阅卷要严肃、严格

凡有改动的地方必须有阅卷教师的签名。题目可以出得简单点儿，以考查基本知识和技能为主，但监考和阅卷一定要严格。严格才能带来好的考风和学风，这就是育人。在端正考风、促进学风方面，轨道联合支部的"小教员"活动（高年级单科学习成绩优秀的学生一对一帮助辅导低年级学习有困难的学生）非常有意义，值得推广学习。

3. 严肃考风、考纪

既然组织了考试，就一定要严肃考风、考纪，要把考场卫生纳入考风要求之列。

4. 要有保密意识，给学生复习时不能漏题

教师要注意不要把试题（包括有试题的U盘）带到教室，曾经某个学校就发生过学生在课间无意发现试卷并泄漏试题的事件。

5. 改革考试方式，改变一张试卷定成绩的做法

下学期开始，一定要改革考试方式，改变一张试卷定成绩的做法。大家都明白，考得好不等于有出息，考得不好也不等于没出息。但只要组织了考试就必须严格要求。若是平时要求不严格，只在考试时严格，就会出现一大堆学生不及格，教师伤心，学生也埋怨。平时不严格，却用考试来把关，这是不负责任的表现。既然如此，为什么不改革考核评价方式？比如加大平时学习强度和考核要求；理论课，把需要学生死记硬背的核心知识点列出来，要求学生有时间就背诵，考试就考这些内容；理实一体化课程，强化实践考核。也就是说，考试形式可以多样化。

6. 加强管理和要求

平时要加强管理和要求，所以从下学期开始，一定要实行学籍预警和处理制度，不要等到毕业前"算总账"。

四、关于毕业季

学生利益无小事，各部门要全力做好毕业生的各项工作，包括课程补考、毕业清考、学籍审核、毕业资格审查等。教务处要针对毕业生工作，与其他部门商量好毕业生离校时间，然后倒推，为各项工作确定一个时间表。各任课教师、辅导员在确认学生清考与毕业学籍信息时一定要认真、细心，该通知学生的要通知到每一个学生，需要学生确认的信息一定要当面确认，这既是对工作负责，也是对自己负责。

职业教育供给侧结构性改革的
必要性及路径 ①

"供给侧结构性改革"，原本是经济学上的名词，主要面向经济领域，其含义是在适度扩大总需求的同时，重点从供给端发力，解决我国经济社会发展过程中所存在的突出性问题。关于为什么要进行供给侧结构性改革，习近平总书记有过清晰的解释："我国不是需求不足，或没有需求，而是需求变了，供给的产品却没有变，质量、服务跟不上。有效供给能力不足带来大量'需求外溢'，消费能力严重外流。解决这些结构性问题，必须推进供给侧改革。"

那么，职业教育在人才培养和供给层面的改革是否也需要像经济领域那样进行供给侧结构性改革呢？如果需要，又该从哪些方面来施行？

一、施行职业教育供给侧结构性改革的必要性

职业教育也要实施供给侧结构性改革，这已成为学界的共识。职业教育专家吕景泉教授指出："改革职业教育的发展模式，实施职业教育的供给侧结构性改革是职业教育的重大任务。"姜大源教授也认为："教育供给侧改革的最大潜力在于职业教育。"

职业教育为什么必须施行供给侧结构性改革呢？学界讨论得较多，本人

① 本文是2017年上半年应《交通开投》杂志邀请所写的访谈稿。

仅从两个方面来分析。

第一，从教育的基本功能来看，供给侧结构性改革是教育改革的应有之义。

"教育具有两大基本功能——促进人的发展和促进社会的发展"。所谓促进社会的发展，是指教育必须受一定社会的经济、政治、文化等所制约，满足一定社会经济、政治、文化发展的需要并对一定社会的经济、政治、文化等的发展起作用，以促进社会的进步。所谓促进人的发展，是指教育要从人的素质现状出发，满足人的自身发展的需要并促进人的整体素质的发展。由此不难发现，教育本身就处在人力资源的供给端，教育供给侧结构性改革属于教育改革的应有之义，其目的就是通过人才培养的供给端的改革，满足社会进步和人才发展的需要。

另外，经济社会政策的改革与变迁，必然会影响教育领域的改革与发展，而职业教育是与经济发展结合最为紧密的教育类型，承担着为经济社会发展提供大批技术技能人才的重要任务。这就决定了实施职业教育供给侧结构性改革对于解决当前经济转型升级对技术技能型人才需求问题，起着非常重要的作用。

第二，从职业教育的现状来看，供给侧结构性改革是职业教育发展的必由之路。

和经济领域一样，决定职业教育是否具有吸引力，不仅与需求相关，也与供给相关。与经济领域更加相似的是，"当前职业教育发展的瓶颈不是经济社会提供的职业岗位需求不足，而恰恰是供给不足，尤其是高质量的供给不足，职业教育供需也面临不可忽视的结构性失衡：一方面，传统的中初级技能型人才供给严重过剩；另一方面，高技能人才供给不足，造成许多企业转型升级困难。"此外，职业院校培养质量不高，还不能满足学生和家长的教育需求，一些职业院校的报考率、报到率持续低迷。也就是说，高素质技术技能人才的培养，无论是数量、质量，都还难以满足我国经济社会发展以及人民群众的现实需求，供需错位已成为职业教育服务经济社会发展的最大障碍，这就要求必须在人才培养的供给端进行改革。

然而，与经济领域供给不能满足需求的结构性矛盾不同的是，职业教育领域虽然也存在着已有的数量和质量不能满足现有需求的矛盾，同时还存在生源不足即有效需求不足的事实，此外还存在着低层次、低质量教育的社会印象，这三重压力同时作用，使得再不进行供给侧改革、大力增强吸引力，职业教育的道路就会越走越窄。

综上所述，实施职业教育供给侧结构性改革，既是职业教育提供优质的技能型人才，满足人才成长和社会进步的需要，也是职业教育实现可持续发展的需要。

二、职业教育供给侧结构性改革的路径——基于院校视角

职业院校供给侧结构性改革的目的是从人才培养的供给层面出发，推进人才供给的数量、结构和质量与经济社会发展对人才的需求相适应。基于这一目的，合理定位办学目标、优化专业布局、改革人才培养模式、提升社会服务能力就成为职业院校施行供给侧结构性改革的重点路径。

第一，合理定位办学目标，办学与区域经济社会发展或产业行业发展对接。合理是指定位既符合学校及所处区域经济社会或所依托产业行业的历史实际，又符合当前的实际，还能适应未来；目标对办学既有指导性，又有实现的可能性。知道需求，才能提供供给，从供给侧结构性改革的角度来讲，职业院校办学应该立足于所处区域经济社会或所依托产业行业的实际，依托区域经济社会发展需求或产业行业需求办学以满足它们的需求，同时还要提高人才培养质量以推动区域经济社会发展或产业行业发展。从这几年职业院校的发展情况来看，那些与地方经济社会发展需要契合度高、行业优势突出的院校吸引力相对较大，生源就有保障。"职业教育的吸引力更多来自行业企业的吸引力，因为行业、企业对职业教育的需求决定着最终需求"。

第二，优化专业布局，专业设置与产业需求对接。衡量一所职业院校与地方经济社会发展需要契合度高低与否、行业优势突出与否，首先看其专业设置是否对接产业结构、是否对接行业需求，也就是说，供给能否满足需求。因此在专业设置上，要避免追求大而全，要重点发展与学校办学定位和特色相一致的专业，促进相近专业的交叉融合、资源共享，提升专业服务产业、行业的对接配套能力，克服专业设置同质化倾向，凸显特色优势，逐

105

步形成有鲜明行业或地域特色的专业群。所以供给侧结构性改革背景下的专业建设，不仅是满足产业发展需求，从教育的基本功能来看，还要在调研行业、企业需求基础上，研究专业发展与就业市场变化规律并根据产业发展趋势和要求提前布局专业，通过提前做好人才培养为未来的新兴产业发展做好人力资源储备，以人才培养引领产业发展。

第三，改革人才培养模式，课程内容与职业标准对接、教学过程与生产过程对接、学历证书与职业资格证书对接，培养适合企业需求的人才。企业需要职业院校为其提供高素质的技术技能型人才，所以，职业院校供给侧结构性改革的目的之一就是要提高人才培养质量。在办学定位、专业布局都近乎合理的情况下，职业院校培养的人才能否满足企业需求则取决于人才培养模式。所谓人才培养模式，实际上就是人才的培养目标和培养规格以及实现这些培养目标的方法或手段，包括指导具体教育过程的教育理论和教育思想、特定的培养目标和人才规格、相对稳定的教学内容和课程体系、管理制度和评估方式等。因此，改革人才培养模式，首先，要通过学习最新的职教文件来把握最新的职教理论和思想。例如，《关于深化职业教育教学改革全面提高人才培养质量的若干意见》（教职成〔2015〕6号）、《职业院校管理水平提升行动计划（2015—2018年）》（教职成〔2015〕7号）、《高等职业教育创新发展行动计划（2015—2018年）》（教职成〔2015〕9号）、《高等职业院校内部质量保证体系诊断与改进指导方案（试行）》（教职成司函〔2015〕168号）等文件，不仅贯彻了最新的职教理念，而且对今后一段时期职业院校办学具有非常现实的指导意义。其次，要以校企合作为抓手，对接行业最新职业标准和岗位规范，紧贴岗位实际工作过程，确定人才培养目标和规格，完善专业培养标准、课程标准、实习实训标准、毕业标准，调整课程结构，更新课程内容，革新教学方法和考核评价方法，满足企业对职业院校人才培养的多样化、个性化需求。再次，要结合学生实际，全面实施素质教育。例如，第一课堂要用企业的标准培养学生：推行"嵌入式"教学，把职业岗位所需要的知识、技能和职业素养融入相关专业教学中，减少理论灌输，增加实践教学；第二课堂要用企业的文化引导学生：引入优秀产业文化、企业文化、职业文化，充分发挥校园文化对职业精神养成的独特作用，将职业道德、人文素养教育贯穿全过程，促进职业技能培养与职业精神养成相融合；学生的思想政治教育和日常的管理要用企业的规范要求学生：引入企业的规章制度，实行企业化管理。只有这样，职业院校培养出来的人才才能满足企业需求。

第四，发挥教育资源优势，主动服务社会，提升社会服务能力。从目前的高等职业院校分类招生的类型及趋势来看，由于生源仍然不足，所以不久的将来，职业院校的教育对象就可能不再以初、高中生源为主了[1]。在这个形势下，面向企业和社会的培训与社会服务工作作为职业院校最直接的社会服务形式，将是未来职业教育做大、做强的可行性路径。因此，能否主动对接行业企业社区开展服务将决定着职业院校将来能否生存。谁能先占得先机，谁就能继续生存与发展。供给与需求的关系告诉我们，新的需求催生新的供给，新的供给也可以创造新的需求。为此，职业院校必须提高服务社会的能力，充分发挥场地、设施、师资、教学实训设备等教育资源优势，在考虑社会需求、企业特点和培训员工实际需要的基础上，开发新的培训产品，"送训上门"，主动承接地方政府和企事业单位组织的技术技能培训、学历教育和继续教育，持续开展面向企业和社会的培训与社会服务工作。

职业教育是最关乎经济社会发展的教育，但目前的职业教育似乎是低人一等的教育，要改变这一现象，除了国家层面的制度建设之外，更需要职业院校层面积极施行供给侧结构性改革，优化人才供给结构，提高人才供给质量，增强自身吸引力。

---

[1] 2019年高职院校扩招100万人，证实了我提出的这个"可能"。

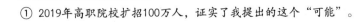

服务社会的能力和水平，将是拉开职业院校办学实力与水平的重要指标①

关于职业院校面向社会、面向行业开展社会服务的意义、形式，会前发的学习材料中都有论述，在此不再一一赘述。这里只强调一点——职业院校服务社会的能力和水平，将是拉开职业院校办学实力与水平的重要指标。事实也已经证明：那些示范性高职在社会服务方面确实比其他的高职院校做得好。所以，提升专业服务社会能力，也写进了学校"十三五"教育事业发展规划之"合作办学能力提升工程"板块，是学校"十三五"期间重要举措之一。

大家都能主动思考，有些已经有所作为，甚至有了成绩，形势非常好。在此重点谈谈我个人认为我们应该做什么？怎么做？

一、做什么

重庆市教委在《新专业合格评估的指标体系》中对专业面向社会开展社会服务有明确的要求：为对接产业（行业）开展了哪些社会培训？为对接产业（行业）提供了哪些技术（咨询）服务？这些指标考核的是专业对接产业的成效，也就是我们社会服务该做的工作。

教育部《高等职业教育创新发展行动计划（2015—2018年）》的要求：专科高等职业院校要发挥场地、设施、师资、教学实训设备、网络及教育资

---

① 本文节选自2017年4月28日在学院"提升专业服务社会能力"专题会上的发言稿。

源优势，向社区开放服务；面向社区成员开展与生活密切相关的职业技能培训以及民主法治、文明礼仪、保健养生、生态文明等方面的教育活动。学历教育和非学历培训并举、全日制与非全日制并重，发展多样化的职工继续教育，为劳动者终身学习提供更多机会。鼓励专科高等职业院校主动承接政府和企事业单位组织的职业培训，按照国家有关规定开展退役士兵职业教育培训。这是从整个办学的角度对学校服务社会的要求。

二、怎么做

保持并增加集团内企业的业务，积极开拓集团外企业的业务。

一是以继续教育管理处为主，在保持目前依靠集团支持的同时，尝试开发新的培训产品，面向全市甚至全国轨道类院校开展培训工作，这样做的目的是有利于提升学校知名度。例如，利用我们的轨道实训基地、汽车实训基地和重庆独特的城市轨道交通优势，为全国各地轨道类院校特别是边远地区的轨道类院校提供对口支援，为其培训师资，提升其技术技能。

具体地讲，每年承办的重庆市轨道专业技术人才高级研修班的课程就可以面向全国轨道类院校发邀请函，达到一定规模即可开班。

二是结合重庆市教委新专业合格评估的要求，动员并鼓励各系专业教师设计开发培训与服务项目，引进培训项目。非轨道类专业，也可以充分发挥学校办学条件及教师资源优势，主动面向行业、企业、社会，开发可持续培训课程体系，开展新技术、新知识培训。例如，汽车系正在联系的为公交集团技术人员技能升级提供服务，铁建系筹备建筑类培训项目，运输贸易系承担网约车从业人员资格培训，这些都做得非常好。各系、各专业在开展校企合作时可以发现、发掘、引进服务项目，各系教师也可以调动自身人脉资源引进培训和咨询服务项目。

这些做法能进一步拉近学校和地方社区、区域企业的距离，也是凸显学校办学能力和专业建设水平的一个重要方面。

三是各系主任、书记要把直接服务于学生的校内的职业技能鉴定、专接本（高职衔接自考本科）、普通话测试、小汽车驾驶证等工作纳入本系、本人的职责范围之内。

高职学生学历的提升，主要有五种途径，分别是普通专升本、毕业后报读网络教育和成人高考性质的专升本、毕业后攻读硕士研究生、国内读高职（专科）后到国外读本科、专衔本（专科衔接自学考试本科）。我之所以推荐专衔本，是因为它学费低（6700～7100元）、通过率相对较高（统考约8门课，每年2～3次机会）、国家认可、效力同等，是普通高等教育之外含金量最高的教育形式。重庆轨道公司有规定，转正时本科学历工资定级高于高职；贵阳地铁则规定，进入管理岗位必须有本科学历。如果我们能教育引导那些学习成绩中上游的学生报考专衔本，当学生的主流都重视学习了，那学校的学习风气自然就会更好，而且就业的质量和数量也会跟着提高，毕竟学生素质提高了，更关键的是我们为学生的发展铺设了一条康庄大道，对学生有百益而无一害。我们都清楚，不管在哪里工作，学历高提升空间就大。学生现在可能不觉得学历有多么重要，等到需要时如果没有就后悔莫及了。所以需要我们教师的教育引导。

不管现在能不能做到，我们都必须明白，开展社会服务，不仅是继续教育管理处、培训中心的任务，还应该是全院上下的共同任务。从职责上讲，各专业负责人、专业教师本应该是主体，但鉴于目前学校办学时间短，我们的实力和水平还有待提升，所以继续教育管理处承担了从项目引进到课程设计再到项目管理的主要职责，各系只是参与而已。

我相信，随着全院上下对这项工作的认识深入，随着教师的专业实践能力的提升，这个现象会发生转化。但我们不能坐等转变，而是应该以相应的政策来推进这项工作。接下来，教务处、科研处、人力资源处、继续教育管理处等部门还要根据新情况继续完善相应的制度，以推进这项工作。例如，教务处要把专业对接产业列入专业建设发展规划中，并提出具体的目标；科研处要完善专利转化制度、横向课题管理办法；各系要组织教师持续学习，提高认识，把专业对接产业、服务社会与人才培养、专业建设、校企合作、师资队伍建设等放到一起系统地考虑，推动我们的内涵建设。

未来靠我们开创，困难肯定不少，但与其把精力耗在对现有条件不足的抱怨上，不如主动出击，把今天会上提出的要求落到实处，实实在在做成几件事。

关于校企合作的几点个人理解和建议 [①]

一、什么是校企合作

校企合作，顾名思义，是学校与企业合作。

校企合作是一种办学理念，是一种注重培养质量，注重人才的实用性与实效性，有针对性地为企业培养人才，确保学校、企业和学生三方共赢的办学机制。

二、为什么要开展校企合作

教育培养的人才必须符合社会之需。不搞校企合作，院校就不知道企业需要什么样的人才，就不知道自己培养出来的人才是否符合企业需要。那种关起门来靠几个教师在那里设计培养方案培养人才的做法完全是一种自欺欺人、不负责任的做法。这样的办学，注定不会长久。

三、从哪些方面开展校企合作

1. 从解决学生实习难入手——校企合作，为学生提供专业相对对口的实习岗位

（1）教育部《职业院校管理水平提升行动计划（2015—2018年）》（教职成〔2015〕7号）文件中规定：6项突出问题专项治理行动之四——实

---

① 本文是2016年9月21日在学院校企合作专题会上的发言提纲。

习管理规范活动。严格执行学生实习管理相关规定，强化以育人为目标的实习过程管理和考核评价，完善学生实习责任保险、信息通报等安全制度，维护学生合法权益，改变学生顶岗实习的岗位与其所学专业面向的岗位群不一致等现象。

（2）教育部等五部门《职业学校学生实习管理规定》的通知（教职成〔2016〕3号）：

第二条　本规定所指职业学校学生实习，是指实施全日制学历教育的中等职业学校和高等职业学校学生（以下简称职业学校）按照专业培养目标要求和人才培养方案安排，由职业学校安排或者经职业学校批准自行到企（事）业等单位（以下简称实习单位）进行专业技能培养的实践性教育教学活动，包括认识实习、顶（跟）岗实习等形式。

第三条　职业学校学生实习是实现职业教育培养目标，增强学生综合能力的基本环节，是教育教学的核心部分，应当科学组织、依法实施，遵循学生成长规律和职业能力形成规律，保护学生合法权益；应当坚持理论与实践相结合，强化校企协同育人，将职业精神养成教育贯穿学生实习全过程，促进职业技能与职业精神高度融合，服务学生全面发展，提高技术技能人才培养质量和就业创业能力。

当前学生顶（跟）岗实习的岗位与其所学专业面向的岗位（群）不一致的现象是职业院校突出问题之一，这一现象产生的原因主要还是学校未能找到足够多的企业为学生提供对口的实习岗位。

因此，开展校企合作，首先要从解决学生实习难入手：企业为我们提供学生实习岗位并优先录用优秀实习学生，我们支付企业实习指导费，企业支付学生实习劳务费。我们的教师参与指导学生实习的过程中，进入企业，了解企业的用人需求和岗位实际技能需求，反过来可以修订我们的人才培养方案和学生教育管理方式。需要格外注意的是，目前的实习指导、去企业看望学生还是以管住学生为主要目的，并没有上升到反馈教育教学层面上来。

2. 从培养"双师型"教师入手——校企合作，培养适应职业教育需要的高素质教师

（1）"双师型"师资队伍是高等职业教育人才培养质量的根本保证。

缺乏既有专业理论知识和较高的教学水平，又具备较强的实践教学能力的"双师型"教师，已成为制约我们发展的"瓶颈"。强调"双师"，就是为了强调实践性教学环节的重要性，促使理论教学和实践教学正确定位、有机结合，培养学生的实践动手能力。

（2）在职业学校，一名专业课教师如果工作了五六年还没成为"双师型"教师，恐怕是很难继续下去的。

教师自己有义务培养和提高自己的实践能力，学校也有责任为教师提高实践能力搭建平台。《职业学校教师企业实践规定》（教师〔2016〕3号）中第二条指出，"组织教师企业实践，是加强职业学校'双师型'教师队伍建设，实行工学结合、校企合作人才培养模式，提高职业教育质量的重要举措"。

为此，人力资源处要对校企合作培养教师有专门的部署和安排，要有经费预算、制度保证。一方面是从经费和制度上保证校内专业课教师（含实习指导教师）能根据专业特点每5年到企业或生产服务一线实践的时间累计不少于6个月；没有企业工作经历的新任教师能先实践再上岗；公共基础课教师也能定期到企业进行考察、调研和学习。另一方面要有专门的政策吸引企业工程技术人员、高技能人才到学校担任专兼职教师。

各系要将组织教师企业实践与学生实习有机结合、有效对接，安排教师有计划、有针对性地进行企业实践，同时协助企业管理、指导学生实习。

教师自己也要利用寒暑假积极参与学校和系部组织的企业实践和实习。学校和成都铁路局合作开展的春运志愿者活动也是一种校企合作形式，我们的教师也应该积极参与。

以上两点，就是我在年初教学工作会上讲的校企合作"五个能"中的两个能：企业能接纳我们的教师和学生一起进企实习/实践锻炼（哪怕我们付费），企业能优先录用我们的毕业生。

3. 从人才培养模式的改革入手——校企合作，共同制定专业标准、共建实训基地

我所讲的校企深度合作"五个能"中的另外三个能：企业能委派专业技术人员指导我们的专业人才培养方案和课程标准的修订工作以及实验室

建设，甚至承担专业实践类课程的教学任务（实际上就是企业能向我们提供岗位用人要求及标准，然后我们对照这些要求和标准修订培养方案、设置课程）；企业的专业技术人员能和我们的教师一起联合申报各类教学及科研项目，包括开发课程；企业能把员工技能培训或技术攻关交给我们。

根据国务院《关于加快发展现代职业教育的决定》（国发〔2014〕19号）、教育部《关于深化职业教育教学改革全面提高人才培养质量的若干意见》（教职成〔2015〕6号）、教育部《高等职业教育创新发展行动计划（2015—2018年）》（教职成〔2015〕9号）等文件精神，我们主要应开展以下几项工作：

（1）校企联合招生，开展现代学徒制。"推进人才培养模式创新。开展校企联合招生、联合培养的现代学徒制试点，完善支持政策，推进校企一体化育人。开展职业技能竞赛"。（国发〔2014〕19号）"积极推动校企联合招生、联合培养、一体化育人的现代学徒制试点"。（教职成〔2015〕6号）"推动专科高等职业院校与当地企业合作办学、合作育人、合作发展，鼓励校企共建以现代学徒制培养为主的特色学院"。（教职成〔2015〕9号）

（2）共建专业标准和课程标准。"建立健全课程衔接体系。适应经济发展、产业升级和技术进步需要，建立专业教学标准和职业标准联动开发机制。推进专业设置、专业课程内容与职业标准相衔接"。（国发〔2014〕19号）例如，与轨道公司合作，我们牵头制定一个重庆市高校城市轨道类专业标准。又如，针对四个铁道类专业，可以和成都铁路局重庆各站段合作建立一个专业标准。这样就会树立了我们在重庆高校轨道类专业的权威。

（3）校企共建实训基地。"推动校企共建校内外生产性实训基地、技术服务和产品开发中心、技能大师工作室、创业教育实践平台等，切实增强职业院校技术技能积累能力和学生就业创业能力"。（教职成〔2015〕6号）"鼓励企业将职工教育培训交由高等职业院校承担，鼓励企业与学校共建共管职工培训中心。以市场为导向多方共建应用技术协同创新中心"。（教职成〔2015〕9号）

（4）强化行业对教育教学的指导，推进专业教学紧贴技术进步和生产实际。"各职业院校要积极吸收行业专家进入学术委员会和专业建设指导机构，在专业设置评议、人才培养方案制订、专业建设、教师队伍建设、质量评价等方面主动接受行业指导。对接最新职业标准、行业标准和岗位规范，紧贴岗位实际工作过程，调整课程结构，更新课程内容，深化多种模式的课程改革"。（教职成〔2015〕6号）

怎么做？除了刚才所讲的请企业专业技术人员来学校开会之外，还有两个办法：一是拿着我们写好的聘书和初拟的方案去拜访对方，请他们写出评审意见（我们现在去企业和兄弟院校学习，往往会忽略这一点）；二是直接邮寄过去，请对方回复。

关于校企合作改革人才培养模式的四个方面，主要责任者在各系主任、各专业（群）带头人（负责人）。系主任、各带头人（负责人）都应该知道圈子里的人物有哪些，先圈出一批来，按照上述办法去做总会有答应当我们专家委员会成员的，总会有乐意评审的。

校长应扮演的角色及怎么当好部门负责人

一、校长应扮演好十种角色①

从管理学角度讲，管理者合格与否很大程度上取决于其职能的履行情况。为了有效地履行自己的职能，管理者就必须明确自己要扮演哪些角色。也就是说，管理者通过扮演不同的角色来履行管理职能。

校长作为学校的管理者，要扮演好哪些角色呢？根据加拿大管理学家亨利·明茨伯格的一项被广泛引用的研究，管理者分别在人际关系、信息传递、决策制订等三个方面扮演着十种角色。

（一）人际关系角色

人际关系角色，主要涉及人与人的关系和其他礼仪性、象征性职责。例如，校长在处理与校内教职工以及校外利益相关者（如合作企业、政府主管部门等）的关系时，他就是在扮演人际关系角色，具体有以下三种。

1. 挂名首脑/学校代表者

作为所在学校的掌门人，校长不可避免地必须行使一些具有礼仪性质的职责，履行法律、社会性例行义务。例如，作为学校的代表出现在各种会议上或参加各种社会活动、迎接来访者、宴请重要客户、签署文件、主持学校庆典等。在做这些事情的时候，校长扮演着挂名首脑或者学校代表者的角色。

作为挂名首脑/学校代表者，经常要出席各种活动，因此，校长一定要

---

① 本部分为2018年重庆市职业院校卓越校长研修班的作业。

注意自己的形象——包括外在形象和内在修养。在一定意义上，校长的形象就是学校的形象，校长就是学校的形象代言人！

2. 领导者

由于校长对所在学校的成败负重要责任，因此，他必须在校内扮演领导者角色，对教职员工进行指导、培训、激励和协调。例如，带头参加集体活动、为教职工树立榜样、对下属发布指令、做出人事决定等。

校长作为领导者，要给教职工及学生做表率，成为校风校训的忠实践行者和模范引领者。因此，校长一定要严格要求自己，提升自己的人格魅力，"有诸己而后求诸人，无诸己而后非诸人"（《大学》）其大意是要求别人做到的，自己先做到；要求别人不去做的，自己先不去做。

3. 联络者

校长无论是在与校内领导班子、教职工一起工作时，还是在与校外利益相关者建立良好关系时，都扮演着联络者的角色。例如，协调班子成员之间及各职能部门之间的工作、与校外企事业单位建立合作关系等。

联络者不同于朋友之间那种友谊的使者和桥梁，而是为学校的发展谋求资源，因此，校长必须对学校发展过程中的重大、重要问题有敏锐的洞察力，在与人交往时要有良好的沟通能力，从而能够在校内外建立关系和网络。

（二）信息传递角色

信息传递角色，涉及收集、接收和传播信息。在信息传递角色中，校长既是学校的信息传递中心，又是校内与校外信息传递的渠道。在信息时代，校长必须确保校内与校外信息传递畅通，才能确保学校的各项决策正确。校长所扮演的信息传递角色也包括三种，即监听者、传播者、发言人。

1. 监听者

没有一定的信息，决策寸步难行！所以，校长首先必须扮演信息监听者角色，也就是主动寻求和获取特定的信息，如研读上级文件、阅读报刊（包括合作单位的简报）、与他人谈话、通过调研考察等获取信息。根据这些信息，校长可以识别出学校的潜在机会和威胁，从而做出正确的决策。

同样一份报道，不同的人阅读之后会得出不同的信息，因此，作为校

长，要能够从纷繁、海量的信息中捕捉与学校发展相关的信息，就需要有保持学习的劲头，有研究型思维，时刻想着学校的事，想着自己分管的工作。这样，一看到某条消息就能与学校的工作联系在一起，从而做出正确判断。就像《尚书》中记载皋陶的一段话："予未有知，思曰赞赞襄哉！"大意是我并没有多少见识，只是每天都在思考如何协助帝君治理天下罢了！

2. 传播者

传播者是指校长把自己作为信息监听者所获取的信息传播出去，即把学校外部的信息传播给校内，让学校内部的信息在一定范围内传播共享。例如，举行碰头会、用各种方式传达信息。作为传播者，校长把重要信息传递给校内有关人员，有时也会隐藏特定的信息，更重要的是必须让不同层级的教职工都能获取他们必要的应该知晓的信息，以便切实有效地完成工作。

校长作为传播者，不仅仅是传播信息，还应该在学校领导班子、各职能部门、各二级院（系）领导和教职工之间建立多渠道、常态化的沟通反馈机制。例如，将学校的发展愿景、改革举措、近期发生的一些重大事情主动及时告知教师，既体现了学校对教师的重视，也能让教师看到学校发展的希望，坚定自己发展的信心。学校领导、各职能部门在学校的一些改革政策、制度出台后应主动做好宣传、解读工作，组织学习讨论，让大家知道有这个政策、制度并领会文件实质，这样政策才能落到实处。

3. 发言人

校长作为学校的形象代言人，就必须把信息传递给校外的人，也就是向外界发布本校公开的信息情报。例如，通过公开信、会议发言、署名文章、接受媒体采访等方式向社会公开学校办学成绩，说明学校在切实履行社会责任，让社会了解学校。表达能力强是校长成功扮演发言人角色的基本要求。

（三）决策制订角色

获取信息的目的不是信息本身，而是为了做决策。如果信息不能用于决策，就丧失了其应有的价值。所以，校长作为学校的最高管理者，还必须处理信息并得出结论，也就是需要扮演决策制订角色。这类角色与校长所从事的战略规划、资源分配等工作密切相关——校长负责做出决策，让学校教职工按照既定的路线行事，并分配资源以保证组织计划的实施。校长扮演着四种决策制订角色，即教育家、危机处理者、资源分配者、谈判者。

1. 教育家

校长所扮演的第一种决策制订角色是教育家角色。在前面的信息监听者角色中，校长密切关注校内外环境的变化和事态的发展，以便发现机会。作为教育家，校长要利用发现的机会来深化校内教育教学改革、提高人才培养质量。对于校长而言，立德树人、提高育人质量才是学校的中心环节、头等大事，因此，一切决策都要围绕着这个中心环节、这个头等大事来展开。

作为教育家，校长要情系教育——热爱教育事业且懂教育、懂教学，能遵循教育规律、研究教育现象、解决教学难题；心系师生——时刻把教职工及学生的利益放在心上，把对教职工及学生负责与对上级负责统一起来，做教育理想的追求者、学校文化的建设者、教育改革的引领者、课程教学的践行者、师者之师的楷模者。

2. 危机处理者

校长所扮演的第二种决策制订角色是危机处理者角色。一所学校，不管管理得有多好，在运行的过程中总会遇到或多或少的危机、冲突或问题。这时候，校长必须善于处理危机、冲突或解决那些未曾预料到的问题，如平息学生群体事件、处理家长与学校的矛盾、调节教职员工之间的争端、处理突发事件等。

校长作为危机处理者，要有远见，能够居安思危，未雨绸缪，如在获得各种信息时就能做出预判、做出预案，"不曰'如之何'如之何者，吾末如之何也已矣"（《论语·卫灵公》）其大意是不想想"怎么办"就去做的人，我也不知道拿他怎么办了。当危机或事件真的发生了，能够自我控制、临危不乱。

3. 资源分配者

作为资源分配者，校长决定校内资源（如人、财、物、信息、时间、权力等）用于哪些项目。例如，信息作为一种重要资源，校长是否在信息获取上为班子成员及中基层管理干部提供便利，通常决定着项目的成败。

资源分配是建立在任务分工基础上的，在资源分配的过程中，校长要善于放权，要学会"十个指头弹钢琴"，既统筹安排，又有轻重缓急。只有将

各项任务安排合理、资源分配得当，各项工作才能按计划开展。

4. 谈判者

校长所扮演的最后一种决策制订角色是谈判者角色。所谓谈判，就是"有关方面在一起相互通报或协商以便对某重大问题找出解决办法，或通过讨论对某事取得某种程度的一致或妥协的行为或过程"。

作为一校之长，校长总是会把大量的时间花费在谈判上，比如与班子成员谈工作安排、向上级领导争取支持、与下级谈工作条件和目标、与供应商谈价格、与合作单位谈合作条件等，甚至包括与教职工、学生、家长的谈话，都有可能是一种谈判行为。

最后，需要指出的是，这里所说的校长，不仅仅是那个具有"正校长"头衔的人，而是指团队——校领导班子中的每一个成员！从这个意义上讲，好校长成就好学校，好学校孕育好学生。

二、当好部门负责人的四点建议①

实事求是地讲，一个部门负责人如处长、系主任、教研室主任，虽然责任重大，但权力真的不大，既决定不了别人的工资、绩效，也左右不了别人的去留，那么别人凭什么要听他们的呢？

有些人会说，高层应该给部门负责人授权，比如部门负责人可以考核部门人员的奖金，有评先推优的权力，这样才有利于部门负责人工作的开展。这个建议不错，但从另一个角度考虑，真的有了授权别人就能听我们的吗？

许多案例表明，问题的核心实际上并不在于是否授权或授权多少，而在于部门负责人的工作方式、能力和对自己的定位。以下分享几点我对如何当好部门负责人的一点儿体会。

1. 学会沟通，了解并理解部门内每个人的真实处境和想法

首先，我们必须真实地了解教师最关心的是什么？教师最希望的是什么？

了解情况之后还要站在对方的立场加以理解。很多时候，即使我们给不

---

① 本部分是2016年上半年在学院中层干部会上的发言稿。

了教师什么，但理解本身就是一种沟通的力量，特别是针对情绪问题。"感情认同"往往会使人感觉受到尊重，产生愿意接受帮助的意愿。

换句话说，部门负责人要关心部门内每个人的工作和生活状态，了解他们的内心所想，只有这样，大家才能感到我们的存在。也就是说，部门负责人与部门内人员关系的好坏，决定着这个部门的士气。

当然，学校领导也需要走进教职工当中，了解教师的所思所想、工作和生活情况，这是我们对其进行正确指导的客观基础，但学校领导接触的毕竟是少数教师代表，很难一对一面对每一位教职员工，因此，更多的还是需要部门负责人代表学校去了解、关心每一个人。

从这个角度来讲，部门负责人需要掌握一定的沟通技巧。例如，不在他人面前评价别人的缺点；不在有外人在场的时候批评本部门的人；和部门人员谈心的时候就事说事，把自己的真实感受、想法说出来，而不是一味地指责对方，或是借题发挥，秋后算账。

2. 提升业务能力，力所能及地为部门成员提供他们所需要的帮助

仅仅了解大家的情况还不够，还需要实实在在地给予帮助。例如，新进
教师讲课或工作经验不足，我们就通过听课和观察找到他的不足，然后有针对性地提醒他、指导他，帮助他。又如，有教师想申报一个课题或项目，我们要尽最大的能力帮助他们改改稿子、提出具体的修改意见，而不只是嘴上支持、会上要求、提笔签字，其他的一律不管。

要做到这些，就要求我们的部门负责人要加强学习，提升自己的业务能力。例如，系主任需要学习教学管理知识；专业带头人（负责人）需要学习专业建设、课程建设方面的好的做法；教研室主任要知道教研活动一般都包括什么，怎么开展；业务部门的负责人，则要主动了解学习本部门的主要职责有哪些，如果每一项都由自己来做，自己会怎么做？等等。这样，当部门人员遇到困难时我们就能帮助到他们，他们就明白我们是有真本事的，这种佩服就会转化为我们的领导力。

当然，学校有义务为大家提供更多的培训机会，但大家也要明白学校提供的培训机会只能是一个引导性、象征性、奖励性的，深入的、系统的学习更多的还是要靠自己。

3. 站在学校的立场为部门发展着想，主动向领导推荐部门内优秀的教职工

每个部门都会有一些默默无闻却兢兢业业的教职工，上级领导可能不知道他的存在（上级领导知道的往往是那些已经推出的、善于自我表现的优秀人员），作为部门负责人，我们是学校在本部门的代表，或者说，在本部门，我们代表的就是学校，所以我们就要代表学校发现优秀教职工，主动发现自己部门内部那些在不同方面有各自优势和特长或有优异表现的人，并及时向上级推荐，这既表明我们对大家的认可，也说明我们的确是一个能为大家着想的好领导。

推荐优秀教职工时，部门领导不能认为某个教师虽然在自己这个小团队优秀，但和全校其他教教师比还差得远。谦虚是被推荐人的事，推荐人不需要谦虚，负责人的谦虚反映出自己对部门人员的不认可。当然，对于那些屡教不改、负能量过大的人，也要拿出具体的证据及时交给人事部门处理，这样，部门内才会风清气正。

所以，给领导汇报本部门情况并不是打小报告。如实地对正反两方面都汇报，是部门负责人的职责所在。

4. 准确定位，做一个正直、感恩、正能量、谦逊、坦荡的人

大家应该还记得学校领导在年初工作会议上的号召——"做一个正直、感恩、正能量、谦逊、坦荡的人"。我觉得部门负责人应该和学校领导一起带头把这个要求落实到实际工作中去，这样，大家一定会更敬重我们。

部门负责人要对自己有一个准确的定位，要将对部门教师负责和对学校领导负责结合起来，两者的一致才是对学校负责：既不能眼睛只盯着领导，唯领导是从（这就不够正直），也不能一味地死守本部门利益（这是不懂得感恩学校提供的平台和机会的表现），看问题、解决问题要从学校总体利益出发，利用学校给出的平台为教师争取更多的利益，同时引导、要求教师在这个平台上发挥更大的作用，为学校的发展做出更大的贡献。毕竟，学校的发展和我们每个人的发展是紧密相连的。对于学校的决议，征求意见时尽可能地发表自己的意见（有不同的意见可以放到会上说，这就是坦荡），一旦形成决议，就要坚决服从并执行（就算自己再有水平也能坚决服从组织决议，这就是谦逊），而且要组织本部门人员认真讨论学习，领会决议的意义和实质，形成执行方法（不因为自己有不同意见就在本部门散播其他言论，这就是在弘扬正能量）。

以上观点还不成熟，有的观点可能还很机械、肤浅，写这篇短文，其目的并不是要求大家必须怎么做，更多的是提醒、告诫大家要带头做好，也让大家知道我是怎么想的，这样就能在大家的监督下我们一起努力、进步、成长。

教学管理人员要学会自我提升 ①

一、事业成功的原因有很多，奋发有为是主要因素

例如，唐处从一名技校生成长为今天高职院校的教授、教育部的专家，凭的是什么？首先肯定是奋发有为的精神。唐处为大家带了个好头，大家要学习他的这种精神。怎么学？表现到工作中，就是到了年关，事情多、任务重，困难肯定会很多，这个时候，就要有"明知山有虎，偏向虎山行"的劲头，积极寻找克服困难的具体对策，豁得出来、顶得上去。平时我不主张大家加班，但这个时候了，该加班就自觉加班，就像前一阵子报优质校建设方案一样，为了完成任务不计条件地加班。

你们还要把处里面其他同志的积极性和责任心都调动起来。这样，你们才能真正成长为骨干，成长为学校的中坚力量。也只有这样，才能确保全年任务圆满收官。任务完成了，大家在寒假也能过得舒坦。

二、工作中要有大局意识、全局意识

大局意识、全局意识，是指要自觉在大局下思考、在大局下行动，跳出科室、部门的局限性，做到相互支持、相互配合。

教务处的工作特别烦琐，因为做任何事情都需要其他部门的支持、配合。而凡是需要其他部门支持、配合的事情就一定会有曲折，因为大家的想

---

① 本文是2017年12月25日在教务处处务会上的发言稿。

法各不相同。越是这个时候，越需要我们有耐心、有大局观。不管遇到什么阻力和干扰，都要坚定不移地向前推进工作，不推诿、不拖延，别人不干我来干，别人不上我来上。

有困难或是多次协调还解决不了，就来找我，我来协调。对于他人，我们要理解，毕竟每个部门都有每个部门的难处，但是我们自己要有决心，只要有利于学校发展、有利于工作，只要与个人工作相关、与部门工作相关，只要不是和别人抢权、夺功，就应该大胆地顶上去。

工作中不可避免地要与其他部门反复沟通，但为了我们的任务能按时、保质完成，我们要不厌其烦地主动找其他部门沟通，否则，就会影响我们的工作进度和质量。所以越是别人犹豫不决的时候，我们越要坚定不移，"心底无私天地宽"，工作就是这样，你越抱怨，它就越棘手越烦人；你越乐观，它就越好解决。这不是唯心主义，而是辩证唯物主义所讲的意识的反作用。

三、工作要有改革创新意识

学校发展到今天，之前好的做法我们要保留，但如果完全停留在旧的体制机制框架内，总是用老办法应对新情况新问题，就可能行不通了。例如，考试安排，之前学生人数少，老思维、老办法行得通。可是现在学生人数多了，专业多了，再用老办法就行不通了，问题也就暴露出来了。每项工作都是这样，都要有改革意识、创新意识，不能总是想着之前是怎么做的现在还怎么做。要分析之前为什么要这么做？现在的情况与之前一样吗？有没有更好的办法？如果条件没有发生变化之前的方法证明是有效的，可以照旧；但如果情况变化了，就要根据新情况新问题思考新方法、新举措，不能"身子已经到山下了，脑子还在山上"。只有这样，工作才能推陈出新。因循守旧干不成大事！要实事求是！要从实际出发！

四、工作要有系统性、整体性、协同性

我们每个人的工作好坏都会影响整个教务处工作的好坏，教务处的工作好坏又会影响全院工作的好坏。所以，要将个人的工作置于部门全局来思

考、谋划、推进，要将这项工作与之前的工作、后面将要开展的工作放到一起来思考、谋划、推进，要把某一项工作放到系列工作或全年工作全局中去思考、谋划、推进，要将教务处的工作置于全院工作全局来思考、谋划、推进。

例如，培养科负责专业人才培养方案的修订，就要听听运行科对之前方案执行情况的建议，听听实践教学科对实践教学安排的意见；运行科监控教学运行，就要依据培养科牵头制订的教学计划，将实践教学统筹进来；学分互认管理办法的制订，既要和之前的学籍管理办法对接起来，又要和正在修订的竞赛管理办法对接起来，还要和下学期将要开展的新一轮培养方案的修订对接起来。这样工作前后间就能相互关联、整体推进。

又如，教务处的工作，要站在学校教学管理牵头部门的全局定位中来思考，不管校内如何分工，教学工作牵头管理都在教务处，我们是规则、规矩的制订者、维护者、监督者，无论是质量工程项目的上报、新专业评估、实习实训，只要涉及教学，教务处就都有义务、有责任对材料进行把关。我们把关，不等于我们就要承担材料不合格的责任，也不等于可以免去其他单位的责任。我们之所以这么做，是为了减少错误、提高质量，是我们负责任的表现，第一责任人还是项目负责人。项目负责人不能说因为有我们的把关就放弃自己的职责。科室负责人不能因为有处长把关就不认真把关，处长也不会因为院领导还要看就不把关。每个岗位都有每个岗位应尽的职责，既不能把责任压给前面的人，也不能推给后面的人。

五、要有明确的职责定位

作为下级，工作的基本要求就是执行上级的决策部署。在酝酿和讨论阶段征求意见的时候，我们可以畅所欲言，充分发表意见。一旦学校做出了决策，我们就必须坚决贯彻执行，这个时候就不能再来评价领导决策的对错了，而是要竭尽全力去想怎么落实到位。就像刘强东对他的高层说："我请你来不是为了证明我的决策是错误的，我请你来是把我的决策落实到位、执行到位。如果有困难，你要想办法如何完成。"所以我希望每次遇到事情，你们都能站出来说："我来吧！""交给我们吧！"而不是"这不行！""我不会做！""我不知道！""不关我的事！""以前就是这么做的！"

我们都是党员，要用党员的标准来要求自己。对学校的决策，不允许因为自己不理解、想不通就大打折扣。这样做的后果是我们的任务完不成，受伤害的不仅是学校，更多的还是我们自己。如果我们对上级的决策心存质疑而不推进，上级会怎么看待我们？别的教师又会怎么看待我们？下级的威信来自上级的信任，来自对上级决策的坚决执行。今年，我在各种公开场合表扬你们、支持你们，首先是因为你们今年的工作的确做得好；其次是为了给你们在任课教师面前树形象，便于你们开展工作。如果你们的工作没做好，我想表扬你们也没有事实作为支撑；如果你们工作没做好，任课教师也不会认可你们。如果你们对学校的决策、对学校领导的安排带头质疑而不去落实，或是口头上高歌领导讲得好却不付诸实际行动，那你们怎么去要求教师执行学校的决策？所以，你们的任务就是积极主动贯彻落实学校的决策部署，你们落实得越好、越到位，领导就越信任你们，教师也就越支持你们，你们的发展空间就会越大，前途也会越光明。你们一定要有这种意识，这样才能上下齐心协力，大家的精力才能集中到工作上去。

当然，要求你们坚决执行领导的决策，不是说什么都听我的。不听我的肯定不行，因为我是你们的分管领导，我们之间思想不统一，工作肯定干不好；只听我的也不行，那就成了小圈子。两种做法都是违反纪律的，都不利于工作。我只是你们的分管，我的任务是带领你们、帮助你们并和你们一起执行学校的决策部署。在这个过程中，你们还要学会主动向其他院领导汇报工作，因为没有其他领导的支持，你们工作同样难干好。大家一定要明白，班子之间有沟通有协商不等于你们就不用去其他领导那里汇报请示，这是两回事。你们的未来不在领导手里，也不在别人手里，而是在你们自己手里，取决于你们的努力程度和工作成效。所以要有钉钉子的精神，对照年度工作重点、每月工作计划，盯着抓、反复抓，直到抓出成效。

六、廉洁做事、干净做人

最后强调一点，在与教师、学生、企业打交道的时候，在报账的时候一定要干干净净！这是做人做事的底线。这句话，我反复强调，不是说你们做

得不好出什么事了，而是因为这是我的职责，是为了警钟长鸣。是对你们的要求，也是对我自己的警戒。工作没做好可以原谅，这方面出问题了，谁也帮不了我们！希望你们真的能听进去！这方面没问题，我们才能有足够的底气推进各项工作！

以上这些要求，是我在学习《习近平谈治国理政（第二卷）》的时候，结合具体工作的一些思考，有些你们做到了，有些做得还不够好。"有则改之，无则加勉"，还是那句话，这不仅是对你们的要求，也是对我自己的要求，我更要带头做好，也希望你们要求教务处的其他同志也这样去做。希望我们都能做到、做好，而且要相互监督，更关键的是，你们要监督我！

建议你们利用假期好好学习，结合自己的工作实际有所思考、有所收获。

民办高职院校加强和改进学生思想政治
教育工作的途径与方法 ①

一、坚持思想政治教育教师与学校全体教职工相结合，营造全员育人的氛围

针对师资队伍对大学生思想政治素质的影响，坚持思想政治教育教师与学校全体教职工相结合，充分发挥学校所有教育工作者在思想政治教育中的作用，营造全员育人的氛围。

思想政治教育是学校工作的一部分，但不是学校一部分人的工作，而应当是全体教职工的共同职责。民办高职院校师资先天不足这是事实，在短时间内配备足够的教师也不符合民办高职院校的实际。既然学校的每一个教职工都负有育人的职责，那发动全体教职工的力量来提高人才培养质量就成为必然选择。因此，思想政治教育教师与学校全体教职工相结合就是指要从全员育人的高度加强学校师资队伍建设，既有专业化的专职思想政治教育教师，又具有能主动负起育人职责的非专职思想政治教育教师，两者相互结合，在各自的课堂进行思想政治教育。

以往的经验告诉我们，成功的思想政治教育得益于领导干部的率先垂

---

① 本文节选于2016年重庆市教育委员会人文社科项目《重庆民办高职院校学生思想政治教育工作现状及对策研究》的结题报告（2018年11月结题）。

范。从中国共产党的经验来看，在最困难的日子里，毛泽东等国家领导人不仅以大无畏的气魄顶住了各种压力和困难，而且带头不吃肉，与民共甘苦，这是最震撼人心的教育，是凝聚力的源泉。"学雷锋"活动的热潮也是由国家领导人带头学习引发的。不仅党和国家领导人带头学雷锋，各级组织的领导干部也是如此，这是雷锋精神能够发扬光大的重要原因。毋庸讳言，这段时期成功的思想政治教育有其特定的、有利的历史条件。那时候社会比较封闭，信息渠道较少，社会情况也不是很复杂，因此人们的思想比较单一，容易听从号召，因而"运动式"的教育比较奏效。虽然这一经验是从特定历史教育活动中得出的，但却具有普遍的意义，值得借鉴与思考。因此，可以这么讲，在学校，教育者是成功教育的关键，思想政治教育能否取得良好的效果，取决于教育者的素养和奉献精神。从高校育人的职责来讲，高校各个岗位上的工作者，无论是专任教师，还是行政管理人员、教学管理、后勤服务人员，都应该是教育者，都具有育人的职责，教书、管理、服务是手段，育人才是最终的根本目的，即所谓"人人都是教育者""人人都有育人的职责"。

1. 民办高职院校思想政治教育教师队伍的构成

从学科角度来看，思想政治教育不仅包括思想政治理论教学及其实践教学，还应包括独立的实践环节。我认为，日常思想政治教育就属于思想政治教育过程中独立的实践环节，那么从事日常思想政治教育的辅导员和学生管理工作干部则应该属于思想政治教育实践课教师。两者必须统一到同一学科，如同化学实验课教师和化学理论课教师对学科知识的要求一致一样，思想政治理论课和实践课的教学要求也必须保持高度一致。思想政治理论课教学和日常思想政治教育必须紧密结合：理论课教学不结合日常思想政治教育，就容易把课堂变成空洞的说教；日常思想政治教育不按照理论教学的要求来开展，就等于"自由活动"，不知道该走向何方，就有可能脱离指导，就不会有成效。

分析一般专业课的教学过程，不难发现，除实践课教师和理论课教师之外，一般还有课后辅导教师。那思想政治教育的课后辅导教师又由哪些人来担任呢？学校各级各类行政管理人员、其他各类课程教师都应该成为思想政治教育的课后辅导教师。当然，他们不需要真正去上辅导课，而是通过自己的言行给学生树立榜样，巩固思想政治教育教学效果。

也就是说，专职的思想政治教育教师应该是思想政治理论课教师、辅导员、班主任和学生管理工作干部。但从全员育人和全过程育人的思想政治教育理念来讲，其他各类课程的教师和各级各类管理人员亦具有对学生进行思想政治教育的不可推卸的责任，因为全部教育教学活动都具有思想政治教育意义。

专业教育注重的是知识的传授和观念的灌输，即不同的教师有不同的观点，学生也可以通过科学判断或实验形成自己的理解；而思想政治教育注重的是人的思想品德的形成。思想品德的形成，是知、情、意、信、行统一发展的过程。以"情"为例：情，是指思想品德情感，是人们运用一定社会的思想品德原则和规范去理解、评价周围环境中的人和事物时产生的一种主观情绪体验。如果教师的行为和思想政治教育的要求不一致，那学生在运用思想政治教育所提出的思想品德原则和规范去理解、评价这些教师的行为时得到的主观情绪体验不仅无法对原本理解、领悟到的道德原则和规范起催化和强化作用，相反会对已理解的道德原则和规范产生怀疑，起一种消解作用。

简单地讲，思想品德是通过耳濡目染在周围环境的熏陶和感染下逐渐形成的。教师以自己的教育教学活动与日常工作、生活全方位地影响着学生的道德成长，也就是说，教师的活动不仅存在于课堂中，而且存在日常生活中，教师们的日常生活作为一种潜在的道德影响源，以无声的方式进行着思想政治教育。

民办高职院校从节约办学成本出发，很难像公办高校那样安排那么多的专职思想政治教育教师，只能是依靠全体教师共同参与到学生的教育和管理上来，因此，如此定位民办高职院校思想政治教育教师的组成具有特殊的意义：有利于形成思想政治理论课为主渠道、各类课程教师课程育人、学生管理工作干部管理育人、党政干部服务育人的全员育人、全过程育人的氛围，形成思想政治教育的校内合力。

2. 按照思想政治教育的要求加强学校整个教师队伍的建设

民办高职院校的学生有一个特点，他们非常关注、在乎、挑剔教师，教师的一言一行，都会对他们产生非常大的影响。因此，站在讲台上的教师，

应该是渊博知识的传授者，还应该是高尚人格的垂范。

因此，要加大专任教师的师德建设，让专任教师在提高职业素养的同时提高业务知识。大力弘扬教师队伍的先进典型，向学生展示一个具有坚定的社会主义信念和热爱教育事业的、业务熟练且具有良好的思想、道德、品质和人格的教师队伍形象，潜移默化地影响学生。此外，培养教师进行思想政治教育的能力，要让他们掌握思想政治教育的内容，了解教育对象的思想状况。要让每一个专任教师结合自己的课程思考、设计如何把思想政治教育融入课程、课堂的教学过程中去。不论是思想政治理论课还是哲学社会科学课，甚至基础课、专业课，都应该贴近学生的实际，改革教学内容、改进教学方法、改善教学手段，从各个学科本身的特点出发，在课堂教学过程中，用科学理念、科学精神、科学知识、科学方法潜移默化地引导学生，影响学生的思想政治，切实做到人人育人、门门育人、课课育人，充分发挥课堂教学在思想政治教育中的阵地作用。尤其是"思政课"，要通过改革教学内容、改进教学方法、改善教学手段吸引学生主动学习科学的政治理论，为树立科学远大的理想信念打下坚实的理论基础。我们还需要鼓励专任教师进班级，担任学生辅导员。专任教师担任学生辅导员，可以更加深入地了解学生的学习、生活实际，这样就能有针对性地安排教学内容，提高教育教学效果。

3. 对于专职的思想政治教育教师，实行严格的任职准入制度和培训制度，提高队伍的专业化程度，保持队伍的稳定性

对于专业化的认定，国际社会通常有三条公认的标准：第一，成员有专门的技能和系统的知识；第二，成员有严格的职业道德规范；第三，成员有专业性的自主权。

用这三个标准来衡量民办高职院校的专职思想政治教育教师队伍，不难得出其专业化程度还比较低的结论。具体表现在：知识指标——在岗教师受过本专业训练的人数少，研究能力不强；伦理指标——教师社会声誉不高，队伍还不稳定；权力指标——教师对教育内容没有自主权，对教学安排无选择权，自我职业评价普遍较低。专业化程度低，就会导致思想政治教育教师专用性差、教育效果不理想。因此，必须提高思想政治教育教师队伍的专业化程度。本文认为，虽然提高思想政治教育教师队伍专业化程度的途径有许多，但关键在于任职准入制度和培训制度。

（1）任职准入制度。我们说，任何一门专门的学科教育都肩负着自己特有的目的和任务。思想政治教育作为一个学科，自然也有自己的目的和任务，因此不是什么专业的人都能从事思想政治理论课教学或担任辅导员，从事学生管理工作。既然如此，就应该和挑选其他专业教师一样，对思想政治教育教师实行准入制度，从职业道德、政治面貌、学历、专业、学术水平等多方面制定任职标准。健全的教师任职准入制度，是促进思想政治教育教师专业化的重要保障机制。

过去，一些民办高职院校不大重视思想政治教育教师的任职条件，例如，有些学校，行政人员不论专业出身似乎都可以从事思想政治理论课教学；在思想政治理论课教师队伍内部，不同的课程需要什么条件的教师来讲授也没有严格规定，有的教师所有的课程都上过，思想政治理论课教师成了"万金油"。如果思想政治教育教师不够专业化，他们的专用性就较低，其工作岗位就容易被其他专业的人员替代，思想政治教育教师的地位就低，待遇就难以提高，队伍就不稳定，教育教学质量也就得不到保障。因此，专职的思想政治教育教师必须是具有坚定的专业理想和健全的职业道德、接受过专业系统教育、掌握了一定的专业知识和技能的专业人士，只有这样，才能保证思想政治教育的目的和任务的实现。

（2）培训制度。任何一种职业，在从事一定时间之后都可能会出现"职业疲惫"，这是一种正常的心理现象，但我们不能听之任之。专业教师经常能从学生的考试成绩、实验的成功、技能的提高来获取成就感；可思想政治教育不同，它对人的思想品德的改造短时期内是难以显现出来的，因此思想政治教育总是很难收获成功的喜悦，于是很容易失去职业优越感和成就感。此时，如果不实施强有力的继续教育，使其职业价值、手段等全方位更新，思想政治教育教师就会在职业疲惫中失去教育的动力。因此，对思想政治教育教师定期进行培训就显得十分必要。

对于民办高职院校来讲，思想政治教育教师入职的时候实行任职准入制度有利于减少培训成本，而在职培训也有助于提高思想政治教育教师的理论

133

功底和育人能力，既有助于教师的发展也有助于思想政治教育效果的提高。

前面讲过，思想政治教育的特殊性就在于它不是简单的知识传授，而主要是依靠周围环境的熏陶和感染，因此，必须说明一点，任职标准也好，培训也好，不能只关注思想政治教育教师的学科专业知识和教育教学技能，还应该把思想政治教育教师的职业道德的提升作为提升队伍专业化程度的核心。只有这样，才能真正通过提高思想政治教育教师的专业化水平来提高思想政治教育的实效性。

除了专业化之外，保证专职思想政治教育教师队伍的稳定性，提高他们的工作积极性也是切实加强和改进大学生思想政治教育的组织保证。对于思想政治教育队伍，可以给予政策倾斜，免去其后顾之忧，使他们安心工作。例如，优先考虑思想政治教育队伍的职称评定；在选拔、晋升、考核机制及工资、福利等待遇上给予适当倾斜；加大资金投入，改善思想政治教育工作的软硬件设施环境，使他们舒心工作；要加大思想政治教育队伍之间的交流沟通力度，使他们齐心工作，如坚持每月都有工作例会，每学期都有工作计划和工作总结交流会。

4. 对于非专职思想政治教育教师，应努力提高其思想政治素质和思想政治意识，使他们真实、专业地意识到自身的育人职责

前面讲过，与其他学科教育不同，思想政治教育是通过全体教育工作者的劳动来增强其实效性的，因此，要提高思想政治教育的有效性，不能只考虑专职思想政治教育队伍的专业化，由于那些非专职从事思想政治教育工作的教师及管理人员只是将思想政治教育渗透到自己的工作中，所以从履行思想政治教育的职能来讲，他们需要的是具备较高的思想政治素质和思想政治教育意识（即育人意识），不必是思想政治教育专业出身。

因此，本文提出，要通过提高全体教育工作者的思想政治素质和思想政治意识来增强思想政治教育的实效性。如果他们自身的思想政治素质不高，就难以履行思想政治教育职能，也就是不能对学生灌输正确的思想观念、政治观点和道德规范，甚至会消解已有的思想政治教育功效；如果他们缺乏思想政治教育意识，就不会在业务工作中管理育人和服务育人，思想政治教育的可接受性就大打折扣。

综上所述，提高思想政治教育实效性的关键是要有一支高素质的思想政治教育队伍。只有从学科的高度规范教师队伍组成，建设一支专业化的、稳定的思想政治教育教师队伍，提高全体教育工作者的思想政治素质和思想政治教育意识（一定不是居高临下对学生进行训斥和批评），才能切实提高思想政治教育的实效性。

二、坚持学校教育与自我教育相结合，夯实思想政治教育的理论根基

针对校外环境及现有的教育方式对大学生思想政治素质的影响，坚持学校教育与自我教育相结合，加强马克思主义理论和时事政策的宣传教育，夯实思想政治教育的理论根基。

思想观念等精神领域的东西，有其自身的发展规律和特殊作用，这就是意识的相对独立性和它对社会存在的反作用。这种相对独立性和反作用在人的思想和行动方面的表现，就是人的自觉能动性以及人们的科学世界观形成的非自发性。人的自觉能动性，说明了人具有对理论、思想、精神的需求与追求。人们的科学世界观形成的非自发性决定了人们不可能通过自发的方式掌握理论知识，只能通过学习、教育、宣传等自觉的方式才能掌握科学理论观点、正确的思想体系。

也就是说，科学正确的理想信念不是自发产生的，而是来源于马克思主义理论的武装，来源于在这一科学理论指导下对社会历史发展规律和人生价值的清醒认识和正确把握。不懂理论则难以建立科学的信念，离开马克思主义的基本理论，思想政治教育就失去了根本的理论支持，不了解时事政策就会感到困难和迷茫，理想就会失落，信念就会动摇。因此，深入开展思想政治教育必须着眼于"用科学的理论武装人"，加强马克思主义理论和时事政策的宣传教育。但是，各种教育力量和教育手段所开展的思想政治教育效果如何，关键看这些教育内容被学生"内化"了多少，这就提出了思想政治教育过程中的教育与自我教育相结合的问题。

1. 坚持灌输教育不松懈

列宁认为，无产阶级政党的重要任务就是坚持和灌输科学社会主义，

1902年，他在《怎么办？》一书中进一步论证并深化了马克思主义关于必须把科学社会主义从外部灌输到工人运动中去的思想。列宁当时提出"从外面"灌输社会主义意识，强调的是，科学、系统的社会主义思想不可能通过自发的方式产生，而只能通过学习、教育、宣传等自觉的方式才能掌握。因此，思想政治教育的"灌输性"是指：一种思想理论不会自发地在人们头脑中产生，需要有意识、有目的地用这一思想理论去占领人们的思想阵地。江泽民同志的"以科学的理论武装人"是这一教育方法最精辟的概括。

尽管今天的社会历史条件已不同于列宁当时所处的社会历史条件，但"灌输"并没有过时。第一，任何科学的形成与发展，都是少数有相当文化素养的人经过复杂的思维过程，充分发挥主观能动性，积极创造的结果。科学一旦由科学家从感性认识升华以后，就形成了关于某一特定对象的本质和运动规律的知识体系。人们若要了解这一对象，便只能通过传播、学习的途径。科学和文化知识的传递的过程，就是灌输的过程。作为一门科学，马克思主义同样需要灌输到群众中去。第二，从工人阶级的整个阶级来讲，虽然它能够自主地不断发展自己的阶级意识，不需要从阶级之外去接受外部的灌输，但对于生活在一定社会关系之中的每个成员来说，受各种因素的影响，马克思主义的科学世界观和方法论，仍然是不可能不学而知、不教而会的，同样需要有计划、有目的、有组织的灌输，才能在人们的头脑中确立起来。同时，现阶段，受生产力水平的限制，大多数社会成员还不得不把主要精力用于学习业务、搞好本职工作和繁重的家务劳动上，不可能也不允许把主要精力放在精通马克思主义理论上，因此需要通过大量的理论宣传和思想政治教育灌输科学社会主义思想意识。第三，脱胎于旧社会的新中国，尽管目前占统治地位的思想是马克思主义思想体系，但受国际大环境的影响，加之国内多种经济成分和多种分配方式的存在，使得封建主义的残余影响和资产阶级的思想意识仍有一定的生存条件，意识形态领域的斗争将是长期的、复杂的，有时甚至是激烈的，所以，也必须对广大人民群众进行马克思主义思想体系的"灌输"。

与此同时，重视"灌输"已成为世界各国思想政治教育的一条重要经验。在美国，对资本主义制度及其优越性的教育、反共产主义的教育等方面不因两党制轮流执政或政府换届而受到影响，做到了一以贯之。在社会的主导价值观方面，在"多元"之中有鲜明的"一元"——"爱美国"，包括爱它的制度和生活方式。不仅如此，西方国家还利用各种途径千方百计地推销资本主义的意识形态和社会制度，力图通过"灌输"使本阶级的文化和意识形态成为全社会普遍接受的共同文化和意识形态。

因此，无论是从当今社会条件来看，还是结合世界各国重视灌输的经验，我们的思想政治教育都必须毫不动摇地进行"灌输"，理直气壮地进行"灌输"。在国内外意识形态领域里还存在着两种社会制度和两种思想体系的斗争的时代背景下，马克思主义、社会主义不去占领人们的思想阵地，资产阶级必然要去占领。既然社会主义的思想意识不可能自发地产生，一般人也不可能自发地成为马克思主义者，那么，向人们尤其是向与国家未来命运紧密相关的青年人进行马克思主义的科学理论教育，就成为历史发展的要求。只有有目的、有计划、有系统地用马克思主义占领他们的思想阵地，才能使他们提高觉悟，坚持正确的政治方向，成为社会主义合格建设者和可靠接班人。否则，"对社会主义思想体系的任何轻视和任何脱离，都意味着资产阶级思想体系的加强"。历史和现实反复证明，如果放弃社会主义思想意识的"灌输"，即使是稍微有些放松，一些错误的倾向就会应运而生。

2. 变单向正面灌输教育为多角度灌输教育

灌输要讲方法，但思想政治教育的"灌输"与其字面上的"浇灌""注入"和"输送"不同，尤其不能等同于一般知识教育中的"注入式"和"填鸭式"方法。因为知识技能的发展，以数量的增长、熟练程度的提高和反应速度为标志，因此"满堂灌"在一定程度上可以增加受教育者接受的知识的数量。而思想品德的发展，则是以知、情、意、信、行五个方面心理素质互相协调发展的程度及思想境界的高低为标志。"填鸭式"和"满堂灌"最多也只能解决"知"，而不能促进五个方面心理素质的协调发展，只有通过引导和启发，晓之以理、动之以情、磨炼意志、坚定信念、导之以行，才能促进五个心理因素协调发展。可见，思想政治教育的"灌输"不仅是方法，还是必须坚持的一条原则，即"启发"和"引导"，是"用科学的理论武装人"。

　　既然思想政治教育的"灌输"是一条必须坚持的原则，那在这一原则指导下的具体方法就可以也应该多种多样。

　　首先要改革现有思想政治理论课上大课的方式，坚持不懈地以思想政治理论课和哲学社会科学课程为主课堂，利用课堂、报告会、专题讲座、学生业余党团校、培训班等形式，利用校内广播、报刊、网络各种舆论宣传手段，结合学生实际，进行思想政治教育。一方面，从正面做好马克思列宁主义、毛泽东思想和中国特色社会主义理论体特别是习近平新时代中国特色社会主义思想以及形势政策教育。通过开展党的基本理论、基本路线和基本方略教育，开展中国革命、建设和改革开放的历史教育，开展基本国情和形势政策教育，使学生从认知上正确认识社会发展规律，认识共产主义、社会主义的正义性、必然性和艰巨性，从情感上认清共产主义、社会主义事业的崇高和美好，认识国家的前途和命运，认识自己的社会责任，把个人价值和社会价值结合起来，把社会理想同个人奋斗目标结合起来，确立在中国共产党领导下走中国特色社会主义道路，实现中华民族伟大复兴的共同理想和坚定信念。另一方面，不要回避社会问题，要对大学生感兴趣的"热点"和"敏感"问题如腐败问题进行深入剖析。通过剖析这些反面事例所得到的经验教训，使学生深刻懂得，腐败分子从根本上讲是由于他们在世界观和理想信念上的动摇和丧失所致；苏联、东欧一些社会主义国家之所以顷刻之间解体变质，他们的领导集体背离马克思主义、精神支柱软化变质、理想信念缺失不能不说是其最根本的原因之一；等等。只有使学生真正认识到这些负面事件形成的真正原因并逐渐学会用马克思主义的观点去观察、分析和认识当今的国内和国际形势，才能使他们从根本上消除思想和观念上的错误及困惑，并不断增强对马克思主义的信仰、对共产主义和社会主义的信念、对党和政府的信任以及对建设中国特色社会主义的信心。

3. 坚持灌输教育与自我教育相结合

　　学生的集体活动和交往活动是思想品德形成的基本环境，学生群体（如学生党支部、团支部、学生会、学生社团等学生干部队伍以及学生班级和宿舍等各种学生组织）本身就是一种教育力量，是思想政治教育的基本手段。因此，教育者应该把思想政治教育与大学生的集体活动和交往结合起来，以平等理念来看待学生，把自己放在与学生同等的地位上，把双方都看作是对话的主体，充分发挥学生的思维主动性和活动交往的积极性，通过共同讨论思想政治问题，培养学生集体间的教育互动能力和学生个体的自我修养能力。通过这样的方式来贯彻教育的意图，影响学生的思想观念，引起他们进一步反思，激发学生的"自我运动"，启发他们自我分析、自我评价、自我体验、自我提高、自我鼓励、自我约束，从而完成马克思主义理论的"内化"过程。

三、坚持主阵地与多渠道相结合，营造全方位育人的氛围

针对校园文化活动丰富多彩的实际，坚持主阵地与多渠道相结合，以健康、充实的校园生活为基础开展思想政治教育，营造全方位育人的氛围。

民办高职院校的学生对课堂之外的校园活动的兴趣远远超过课堂本身，可我们又不能放弃课堂，相反，还应该将课堂视为思想政治教育的主阵地来强化，提高课堂的吸引力。试想，课堂中不进行思想政治教育，岂不是舍本逐末？既然民办高职院校的校园活动异常丰富，那我们就完全有必要开发这些活动的思想政治教育功能，寓教育于活动之中。因此，主阵地与多渠道相结合，就是指要把思想政治教育融入学生全部的校园活动中，不仅在课堂进行思想政治教育，而且在各种校园活动中进行思想政治教育，营造一个全方位育人的思想政治教育氛围。

1. 思想政治教育具有渗透性特点

前文所讲的思想政治教育的灌输，是指一定的教育者将特定思想观念移入受教育者思想中的教育过程。在这一过程中，需要通过各种途径和方法，用一种让人们能够接受的方式、方法把科学的理论内化到人们的头脑中去。这就要求思想政治教育在坚持灌输原则的同时，还必须贴近生活、贴近实际、贴近群众、贴近学生，与日常的业务和管理工作一起来开展，渗透到社会、校园生活的全过程中去，这就是思想政治教育的渗透性特点。

众所周知，在西方，资产阶级政党牢牢控制着思想政治教育的领导权，并且运用多种调控手段掌握思想政治教育的内容和导向。但是，思想政治教育的开展，却不是只靠少数人来做，而是尽量通过全社会进行。学校、家

庭、社区、社团、宗教、企事业单位、大众传媒都从不同的方面参与思想政治教育，使得思想政治教育更加注重适应社会生活的变化。西方一些国家继承把宗教渗透到人们日常生活中的传统，采用隐性的方式，进行道德和思想的渗透与熏陶，渗透的方式和途径是多种多样的。例如，凭借强大的经济实力，不惜巨额投资，在各地建设纪念馆、艺术馆、博物馆多种场馆，借用现代化手段布设环境，形象生动地宣传资本主义传统与文明；利用广播、电视、报纸、网络等强大的大众传媒，资本主义生活方式淹没在铺天盖地的广告和文艺节目中。

也就是说，国外的思想政治教育在坚持灌输原则的前提下具有很强的隐蔽性，这种隐蔽性主要体现在思想政治教育渗透在社会生活的方方面面。例如，在美国，思想政治教育是一种全面渗透性教育，其途径除了通过开设正式的公民课或社会学课，以课堂教学的形式来进行外，主要还依靠学生工作机构，以解决学生具体问题的形式通过开展各种活动，以参与的方式来进行。其学校的学生工作机构，在日常对学生进行行为管理的过程中，通过职业咨询、心理咨询等方式对学生施加影响，进行引导，实际上行使着思想政治教育的职能。

在对社会主义国家青少年进行资产阶级文化和意识形态的灌输时，西方国家同样是用非思想政治教育的方式，把他们的文化和意识形态渗透在各种载体之中。例如，他们以节日文化、传媒文化、休闲饮食文化、网络文化、教育文化等为主线，以影视作品、媒体广播、西式快餐、网络游戏、赴美留学为手段，覆盖了青年人的视觉、听觉、饮食、娱乐、教育和休闲全部空间。从表面上看，这类文化产品丝毫不涉及任何政治观点和立场，但实际上却在大肆宣传和美化着西方发达国家的价值观念和生活方式，使其他国家的人民在毫无意识的情况下认同和接受西方文化，甚至对本民族的文化及价值观念产生怀疑和动摇。

因此，要增强民办高职院校思想政治教育的实效性，我们也必须把思想政治教育渗透校园生活的方方面面，用社会主义核心价值观引领社会思想，形成全员、全过程、全方位育人的氛围。由于学生对直接的说教非常抵触，所以我们把思想政治教育渗透校园生活的方方面面，能让他们在不知不觉中受到教育，在自然熏陶下得到提高，可以收到春风化雨"润物细无声"的成效。

需要说明的是，思想政治教育的渗透性特点与前面所讲的灌输性特点是一个整体，不能割裂开来：要灌输的内容通过渗透来传输，渗透是灌输的一种有效方式，不坚持渗透性的灌输，就是脱离实际的说教，是"空对空"；渗透是为了增强灌输的实效性，是为了灌输而渗透，不坚持灌输性的渗透，是没有实际意义的渗透，也就无"渗透"一说，也是"空对空"。坚持灌输性和渗透性，是指我们要抓住一切可以利用的机会，无时无刻、无处不在地进行马克思主义理论的宣传和教育。因此，从这个角度来讲，本文所提出的"六个结合"，就是坚持思想政治教育的灌输性与渗透性的结合。

2. 坚持课堂是思想政治教育的主阵地

思想政治理论课是大学生思想政治教育的主渠道；形势政策教育是思想政治教育的重要内容和途径；哲学社会课程负有思想政治教育的重要职责；各门课程都具有育人功能。因此，不同的课堂，不同的教学内容却有一个相同的教育目的——育人，围绕育人的目的，主课堂应该紧密结合当前社会形势，结合专业实际，缩短课堂与社会的距离，为学生认清社会现实、顺利进入社会提供帮助，尽可能化解社会问题对学校教育的消极影响，让学生真实地感受课堂的作用。

3. 把各种校园活动都开拓成思想政治教育的渠道

课堂只是校园活动的一部分，思想政治教育只有走进学生的全部校园活动，才能起到润物细无声的功效。

（1）建设文明公寓。例如，开展"爱我公寓"系列活动，通过评比文明公寓、文明宿舍、优秀舍长等活动，活跃公寓气氛，营造公寓文化，从美化环境到美化心灵，收到环境育人、氛围感人的效果，使宿舍文化建设成为大学生"三观"教育的有效渠道。

（2）优化社团活动。民办高职院校各类学生社团以及由他们组织开展的课外活动非常丰富，因此在当前的思想政治教育中要重视这一特点，寓教于乐，加强社团建设，优化社团活动，强化校内实践活动。通过这些社团，广泛开展理论学习、学术科技、文化体育等丰富多彩、积极向上的活动，把

141

德育、智育、体育、美育、劳动教育有机结合起来，寓教育于文化活动之中。同时加强引导，吸引学生参与，以健康向上、团结拼搏的氛围，激发学生的团队精神和爱国热情，将学生头脑中有关社会主义、集体主义和爱国主义的意识形成动机，支配调节自己的行动，外化为学生自己的行为习惯和品德。在开展活动之前，要精心设计，要结合学生实际，例如，前几年经常可以见到学生把发生在他们身边的具有教育意义的事迹自编、自导、自演成小品和相声等节目，这几年相对较少，其实，这些最能贴近学生，所以应重新加以提倡。

（3）强化社会实践。在学校组织和教师带领下进行的社会实践，包括外出参加社会调查、生产劳动、公益活动、科技发明、志愿者服务、军政训练、勤工俭学等是一种满足社会需求的实践教育活动；它可以使学生在促进社会发展的同时，学会关心社会并采取积极行动解决社会问题。社会实践可以让学生将课堂上所学知识同现实结合起来，走向社会，适应社会，服务社会，应用于实践，提高学生的自尊自信、促进学生的个体发展，同时在增强社会责任感和确定未来职业兴趣和方向方面有积极作用。目前民办高职院校在校外均设有专业实习基地，因此，在走出课堂对学生进行思想政治教育的时候，要强化实习基地建设，把专业实习基地当成社会实践基地进行建设，把思想政治教育基地的建设同社会实践基地、专业实习基地建设结合起来，发挥基地的多功能作用，让学生在基地活动中接受形象教育，巩固思想政治教育的成果。

（4）进行形象教育。思想政治教育还要靠典型引路、榜样感染，让有理想的人讲理想，信念坚定的人谈信念。学校要及时宣传学生中的典型，引导学生寻找身边的积极因素，因为身边的人和事更有亲切感和说服力，身边的"闪光点"更易接受，更易模仿，这样在形象教育中就将理论教育和实践教育有机地结合起来。

四、坚持解决思想政治问题与解决实际问题相结合，营造全过程育人的氛围

针对大学生独特的成长经历、心理特征和就业压力，坚持解决思想政治

问题与解决实际问题相结合，以开展心理健康教育和大学生学业、职业生涯规划等活动来增强思想政治教育的效果，营造全过程育人的氛围。

人的思想不是天上掉下来的，也不是头脑里固有的，而是客观现实在人脑中的反映。"观念的东西不外是移入人的头脑并在人的头脑中改造过的物质的东西而已"。生活是伦理道德的生长点和作用点，是道德的唯一基础，因此，人们更多的是通过社会生活的观察和体验来接受思想政治教育的内容的，思想政治教育的内容与实际相符合，才具有最大的可接受性，而不符合实际的思想政治教育则必败无疑。因此，民办高职院校开展思想政治教育必须从民办高职院校大学生的实际出发，这个实际包括民办高职院校大学生的心理实际、思想实际、校园生活实际、学习实际和家庭实际。

把解决思想政治问题与解决实际问题相结合，实际上就是坚持思想政治教育与经常性教育相结合，就是坚持贴近学生的实际，将教育人、引导人与关心人、帮助人相结合，通过解决学生从入学到毕业全过程中的具体问题来实现思想政治教育的目的。

1. 结合大学生的心理和思想实际，积极开展心理健康教育

民办高职院校大学生作为大学生中的弱势群体，心理失衡、心理压力、心理危机等情况时有出现，这对他们的身心健康造成了损害，也直接影响着他们思想政治素质的养成。因此，要提高当前民办高职院校大学生思想政治教育的效果，就必须把思想政治教育和心理健康教育相结合，把解决学生的思想政治素质问题与解决学生的心理问题结合起来，通过与学生家长、学生本人进行广泛的沟通，进行积极的心理健康教育，增长学生的心理健康知识，改善学生的个性心理品质，增强学生的心理调适能力，使他们具备良好的心理素质，能够坦然面对和正确处理学习、成长、择业、人际交往等方面遇到的问题。

与此同时，通过细致入微的教育、引导和提供无私的帮助，感化和感染大学生，在大学生遇到困难时，主动向他们伸出热情的援助之手，让他们实实在在地感受学校教育的温暖。只有这样，我们对大学生的思想政治教育才能真正走出只重说教、效果欠佳的窘境，从而使大学生对马克思主义理想信念的坚定逐渐变成一种自发和自觉的行为。

2. 结合大学生的学习、生活实际，进行世界观、人生观和价值观的教育

第一，针对民办高职院校的专业设置，把思想政治教育与专业教育相结合，稳定专业思想，明确学习目标，挖掘各类专业课程中的思想政治教育资源，使学生在学习科学文化知识的同时，自觉加强思想道德修养。

第二，把思想政治教育与日常生活教育相结合，有针对性地帮助大学生处理学习成才、恋爱交友、勤工助学、社团活动、社交礼节、健康生活等方面的具体困难，提高思想认识和精神境界。例如，正确引导、帮助大学生树立正确的恋爱观，教导学生不能因为恋爱而影响学习与集体的人际关系；加强勤工助学的教育，教导学生正确面对金钱的诱惑和生活的压力，正确对待个人工作与集体活动的关系；引导大学生认识到集体生活的必要性，认识到融于集体生活有利于健康人格和个性的培养；引导大学生在张扬个性时不要只看到自己，而应该以不影响、损害他人、集体的利益为前提；利用班会、团日活动、辩论赛、演讲比赛开展以集体主义、爱国主义、社会主义为主题的活动，使大学生在教育者的指导下，围绕这一主题，通过交流看法，共同分析探讨问题和通过对不同观点的争辩、讨论，共同提高认识。

3. 对于特殊学生群体，要在尊重他们的人格的基础上通过加大思想政治教育力度来增强思想政治教育的效果

大学生特殊群体主要有家庭经济困难的学生、学习后进的学生和学习成绩突出的学生，另外，单亲家庭的学生数量也开始增多。对于家庭经济困难的学生，在引导他们正确面对客观现实、解放思想负担的同时，还要予以物质资助，解决实际困难；对于学习落后的学生，不能放弃，而要通过各种形式的谈话，帮助他们找出并分析原因，共商对策；特别是对于有其他特长的学生，绝不能因为他们的学习差而限制其发展，相反，要鼓励他们积极参与校园文化活动，并积极为他们提高发挥自身的特长和优势的机会，引导他们以一种健康的心态认识到自身的价值；对于单亲家庭的学生，一定要给予鼓励，关心他（她）们的成长，争取和家长取得联系，了解学生在家的具体情况，有针对性地进行教育。

4. 结合大学生最关心的就业实际，认真开展学业生涯和职业生涯规划，把思想政治教育与就业指导、毕业教育结合起来，帮助大学生提高就业率

如何顺利完成学业，如何顺利择业就业，是每一个大学生都要面临的实际问题。开展学生生涯规划，就是在深入调查、了解的基础上，帮助大学生树立正确的学习观，制订适合学生实际的学习目标和具体细致的计划，在不断实现目标的基础上顺利完成学业。这一活动要从新生入学开始，跟踪进行，根据学生的具体表现进行调整、修改和完善。开展职业生涯规划，就是结合学生的专业和个性等特点，帮助大学生树立一个正确的择业就业观，制订一个切合学生个人实际的职业目标，并对如何实现目标做出详尽的计划。在大学生群体中开展学业生涯和职业生涯规划活动，实际上是将思想政治教育与学生的实际相结合，先让学生有目标，然后逐渐引导学生不断追求更高的目标，使他们中的先进分子树立共产主义的远大理想，确立马克思主义的坚定信念。

五、坚持教育与管理相结合，把思想政治教育与学生日常管理结合，把思想政治教育落实到日常的学生教育和管理工作中去

从对人的行为的约束角度分析，思想政治教育是"软约束"，而管理制度是"硬约束"。尽管思想政治问题是人的内心的精神世界问题，其最终解决要靠"自律"，但"他律"阶段又是难以逾越的。教育不是万能的，在市场经济大潮冲击下的中国，当求利所激发的个人私欲冲破道德堤坝，各种恶行呈现蔓延滋长之势时，强调硬约束有着很重要的现实意义。只有发挥法规制度的强制力、威慑力，引导人们遵守道德规范，才能保证思想政治教育的有效性。整个社会的思想政治教育离不开法规制度建设，大学生又正处于成长的关键时期，极易受外界环境的影响，惰性的增长较为容易，还处于"他律"阶段，因而更需要"硬约束"，尤其是对自律能力相对较差的民办高职院校大学生而言，更需要采取一定的制度管理。为此，要将"自律"与"他律"结合起来，将思想政治教育与学生管理相结合，将思想政治教育落实到日常的学生教育和管理工作中去。

教育是管理的基础，管理是服务于教育的手段与保证。只教不管，教育就难以落到实处；只管不教，就难以形成内驱力。因此，思想政治教育与学校管理工作相结合，实际上就是以教育为导向开展管理工作，就是指思想政治教育要与校内的教学、生活、党政各项管理工作以及校外的社会、家庭全方位形成教育合力，为思想政治教育营造良好的环境，使学生从"他律"走向"自律"，实现管理育人。

1. 建立校内各部门齐抓共管的领导体制和工作机制

目前一个不争的事实就是大学生的自我管理、自我约束能力总体下降，民办高职院校大学生表现得更为突出。因此，学生管理和教育首先必须有一套完善的制度，通过制度来规范工作、激励学生。学校的各职能部门，包括教学管理、生活管理、后勤管理、学生管理等党政部门，要紧紧围绕学校的中心工作——教育教学工作，通过科学化、规范化、人性化的组织纪律、规章制度来激励、约束、规范和协调、评价学生的行为，使大学生懂得，在大学学习生活中应该做什么和不能做什么。在实施管理、执行制度的过程中，坚持管理目标与教育目标的一致性，以帮助大学生养成良好的思想品德行为习惯为出发点，通过严肃、严谨、公平公正的工作作风，切实发挥管理育人的功效。

2. 利用一切可以利用的机会，将思想政治教育融入其中

传统的思想政治教育是按照较为单一的形式、方法和手段进行的，过于标榜和直接，不再适应当前学生的实际，所以，我们应将思想政治教育从显性转为隐性。如今，现代化的传播手段将人们从穿衣、吃饭到休闲、娱乐立体式地包围起来。在这些媒介中，有的我们可以直接把握，如影视、报刊等；有的我们无法监控，例如网络，它犹如一个没有边界的国土，任何价值观念都可以不被审查地传播、散布；有的我们可以直接意识到，如一些大众传媒中的宣传；有些却往往被我们忽视，如生活方式、生活观念等。这种往往被忽视的方面恰恰会从更深的层面上影响一个人的价值观念。当我们的大学生吃着麦当劳、穿着耐克鞋、模仿着影视娱乐明星们的时候，他们开始无意识地抗拒以社会主义、集体主义价值为核心的教育，自觉地与市场意识形态进行了融合。事实上，各种价值观念实际上都处于一种相互竞争的平等关系中，只要我们对思想政治教育稍有松动，无论是先进的还是落后的甚至是腐朽的价值观念都会设法传播，都会对不同的人产生重要的影响。因此，我们必须利用一切可以利用的机会进行思想政治教育，不能有任何的松懈和疏漏。例如，坚持利用新生入学教育、年级会及各种节假日前后的年级会、班会和团日活动，各种大型表彰庆典活动等机会，对学生进行学风、考风考纪、诚信、文明礼貌、就业形势、安全问题等教育，加强中华优秀传统文化教育，这既是管理，也是教育。

3. 建立学校与社会（校外）、家庭联合的综合管理机制

与校外联合不是封锁学生的信息来源，控制校外环境对学生的影响，而是利用社会上有利的因素与校内教育相结合，来抵制和消除校内外的消极影响，从而起到正面说教所起不到的作用。

与家庭配合就是与学生家长通过电话、邮件、QQ、微信、家校通APP、家长网络论坛等方式，保持长期的、定期的联系，了解并反馈学生的情况；与社会相关部门联系就是与包括学校所在社区在内的有关部门联合或是配合他们进行校园周边环境治理。通过赢得学生家长和社会相关部门的支持和理解，进行综合管理，多管齐下，形成一种有利于大学生身心健康发展的社会环境和校内外合力。

六、坚持继承优良传统与改进创新相结合，充分运用新媒体开拓思想政治教育的新方法、新途径

许多传统的思想政治教育的方法依然有着生命力，如做大报告，只要围绕大学生关心的热点，包含丰富的信息量，大学生对此还是很欢迎的。但思想政治教育停留在原有的方式方法上不思改革，又难以满足不断发展的社会需要，为此，我们必须开拓思想政治教育的新方法，以开创思想政治教育的新局面。

21世纪是网络的时代，电脑网络使信息传播、人际沟通更为快捷。充分利用网络这一高科技手段进行思想政治教育，不失为一种新的、有巨大发展潜力的方法。民办高职院校基本上都有自己的网站、微博、微信公众号，因此应该将思想政治教育作为其重要内容。例如，可以在网上开设"素质教

育""法律知识"等教育板块,在网站上可浏览有关文字、图片和音响等多媒体资料,并可下载。还可以在网站上进行各种活动,吸引大学生参加。可以在网站上建立"思想道德热线"和心理咨询热线,请学校的思想政治教育研究和心理咨询专家、班主任通过微信、QQ多种形式与大学生进行沟通交流,进行思想政治教育,这样,既扩大了教育的受众面,而且形式生动,内容新颖,学生易于接受。

民办高职院校的思想政治教育,既有教育环境的问题,也有其自身的不足,只有贴近社会生活,贴近民办高职院校的实际,贴近民办高职院校学生的实际,加强自身建设,谋求校内校外各方面的支持,提高思想政治教育的针对性,才能增强思想政治教育的实效性。

以"一体、两翼、六热爱"为主要内容的高职院校思想政治教育体系①

教育部《高等职业教育创新发展行动计划（2015—2018年）》（教职成〔2015〕9号）提出，要"加强以职业道德培养和职业素质养成为特点的高等职业教育学生思想政治教育工作，着力培养既掌握熟练技术，又坚守职业精神的技术技能人才"。为此，我提出了一个以职业道德培养和职业素质养成为特点、以"一体、两翼、六热爱"为内容的高职院校思想政治教育体系。

一、"一体"——"立德树人"

立德树人是社会主义高校的根本任务，是学校工作的中心环节。高等职业教育是高等教育不可或缺的重要组成部分，是我国社会主义现代化建设技能型专业人才培养的重要渠道之一，同样要以立德树人为根本，本着"为人民服务，为中国共产党治国理政服务，为巩固和发展中国特色社会主义制度服务，为改革开放和社会主义现代化建设服务"，培养德智体美全面发展的面向生产、管理、经营、服务等一线的高素质技能型人才，引导并帮助学生立"践行社会主义核心价值观"之德，做社会主义核心价值观的坚定信仰者、积极传播者、模范践行者。

① 本文最初是2016年为学院学生职业素质教育专题会准备的发言稿，后多次修改。

二、"两翼"——思想政治教育+行为养成教育

（一）思想政治教育

高职院校的思想政治教育既要有普通高校思想政治教育的共性的一面，还要体现自己的特殊性。

共性就是要将思想政治理论课和日常思想政治教育统一起来，深入开展中国特色社会主义和中国梦教育，在广大师生中积极培育和践行社会主义核心价值观，引导大学生关心国家命运，自觉地把个人理想与国家梦想、个人价值与国家发展结合起来。

作为职业院校的思想政治教育，其特殊性在于要体现职业性。因此，要加强文化素质教育，坚持知识学习、技能培养与品德修养相统一，将人文素养和职业素质教育纳入人才培养方案，加强文化艺术类课程建设，完善人格修养，培育学生诚实守信、崇尚科学、追求真理的思想观念。贯彻落实《高等学校体育工作基本标准》，促进学生身心健康；充分发挥校园文化对职业精神养成的独特作用，推进优秀产业文化进教育、企业文化进校园、职业文化进课堂，将生态环保、绿色节能、循环经济等理念融入教育过程；利用学校博物馆、校史馆、图书馆、档案馆等资源，发挥学校历史沿革、专业发展历程、杰出人物事迹的文化育人作用；围绕传播职业精神组织第二课堂，弘扬以德为先、追求技艺、重视传承的中华优秀传统文化；发挥学生党支部、共青团、学生会、学生社团的作用，与政府、行业、企业合作开展内容丰富、形式新颖、传递正能量的实践育人活动和校园文化活动；注重用优秀毕业生先进事迹教育引导在校学生。

（二）行为养成教育

行为养成教育是终身的教育。不可否认的是，职业教育虽然是关乎经济社会发展的教育，但目前的职业教育似乎是"低人一等"的教育（2017年3月12日下午，十二届全国人大五次会议举行记者会，教育部部长陈宝生就"教育改革发展"答记者问时说到"目前，普通高校先录取，然后职业学校录取，好像职业学校低人一等"。）

职业院校的学生在行为养成方面包括学习主动性、自理能力、抗压能力、解惑能力等方面的确有着不同于普通院校学生的特点，因此，职业院校更需要重视学生的行为养成教育，要将文明的生活和学习方式、高尚的道德操守等内化为学生的行为习惯，提升职业素质。高职院校在加强对学生思想政治工作的过程中，尤其要注重联系学生生活实际，有针对性地培养学生的动手能力，同时有效地回答学生日常生活中一些综合性、深层次的实际问题。

三、"六热爱"——"爱祖国、爱母校、爱文明、爱学习、爱劳动、爱创造"

（一）爱祖国

首先，高校可以充分发挥校级国旗班的作用，通过定期组织升旗仪式对大学生进行爱国主义教育。升旗仪式有利于为学生创设情境，引起学生情感上的共鸣。同时，升旗仪式过程中的"国旗下讲话"内容丰富多彩，思想性强，具有一定的代表性和荣誉感，让学生在"国旗下讲话"的内容中获取有效的爱国元素。

其次，学校可以组织以爱国为主题的演讲、征文、报告、"主题日"、经典影视作品展演、拍摄微视频、微电影、参观红色革命基地等方式，结合思政课堂，师生积极配合，共同设计创作。这个过程不仅可以促进学生对祖国的进一步了解，提高学生学习的参与度和积极性，同时也有利于学生进一步提高团队合作能力和创新能力。

最后，还可以组织学生投身爱心公益活动，借助并整合全校志愿者资源，策划高水平公益活动，如环境保护、知识传播、公共福利、社会援助、社会治安、紧急援助、青年服务、专业服务、文化艺术活动、法制宣传等，最终形成品牌和特色，从而彰显和打造品牌文化和特色。

（二）爱母校

母校是一个充满温馨的字眼，之所以温馨，是因为有爱人之人和爱人之心。让学生爱母校，实际上就是培养感恩意识。感恩母校是因为她以文化人、以情感人、以爱暖人、以行育人。培养学生对母校的感恩意识，可以从以下几方面着手。

（1）鼓励优秀学子、杰出校友现身母校，表达对母校的感恩之情以及

向学生介绍自身的生活经历、成功经验等，这对在校学生的学习和生活有一定的鼓励和指导作用，有利于加强在校学生感恩意识的培养。与此同时，可以利用相关感人事迹进行有效宣传，借助网络平台创造条件，举办如"感动母校"故事会等活动。

（2）彰显文化符号，提升校园人文氛围。例如，教学楼LED大屏幕上增设24字社会主义核心价值观标语，感恩母校有关的文化符号，优秀学子、杰出校友母校寄语及风采展示等，通过此类直观的文化视觉冲击不仅可以提高学生的政治素养，而且有利于学生对母校感恩意识的有效培养。

（3）建立课外导师制。在辅导员制度之外，以专任教师为主、行政管理人员参与，建立课外导师制，每位导师对口联系10～20名学生或指导学生社团，定期与学生沟通、交流，指导学生并与学生辅导员沟通。班导师通过专题讲座、座谈讨论、问卷调查、个别谈话，参与社会实践、实验操作的指导多种方式，定期或不定期地对学生进行指导，从而达到全员育人的目标。

（4）推行校长午餐会。每月安排一位学校领导，与选出的学生代表共进午餐。学生代表可就学习生活的各方面向领导提出自己的问题和困惑，领导对学生面临的困惑给出可行性建议。校长午餐会不仅体现了学生对学校的关心与热爱，同时学生代表提的问题也可以得到回复，体现了学校对学生的关怀以及重视。校长午餐活动的主旨是学校为解决学生疑问、维护学生权益做出的新尝试，为学生提供更加通畅和直接的沟通渠道，增强师生交流。

（5）让学生爱母校，是为了让学生将来能爱岗敬业、爱社会，因此最关键的是要加强对学生的人文关怀和心理疏导，培养学生理性平和的健康心态。如果学生在校期间一遇到什么不顺心的事就在贴吧里泄愤谩骂学校，那走向社会后就难以做到爱岗位、爱单位、爱社会。

（三）爱文明

（1）高度重视入学教育。要想让学生更好地适应大学新环境、新生活，成功实现角色转变，学校就需要结合新生特点和行业文化要求，从新生报到开始开展一系列丰富多彩的高频率的入学教育，持续一个学期，主要包括军训教育、专业教育、安全教育等讲座以及爱国爱校爱班教育、大学精神教育、党史党课教育、理想信念教育、校规校纪教育、资助政策教育、文明修养与行为规范教育、心理安全教育、职业规划教育等。在入学教育的过程中，新生不仅可以得到来自教师、学长的关心爱护，从中感受学校的温暖，更能客观、理性地了解学校以及所在专业的发展前景、发展趋势，有助于学生主动规划自己的大学生涯。同时，让学生提前熟读行业行为守则。凝练行业文化，人手一本行业员工守则，由辅导员组织每日一读，牢记于心。

（2）强化公寓自治。自我教育、自我管理能力是新时代合格人才不可或缺的基本能力，因此，学校有必要推广学生公寓自治，培养学生自我管理、自我约束、自我服务和自我教育的意识和能力，同时全面启动"走下网络，走出宿舍，走向操场"活动，促使学生养成健康文明的生活习惯，防止学生沉迷网络，尤其是无休止（克制）的网络游戏。除此之外，积极挖掘学校体育内涵，让体育成为培养健全人格的重要途径，通过体育魅力的感染，让学生养成终身参加体育锻炼的习惯。

（3）开展文明校园创建活动，培育校园文化品牌，以文化人。例如，可从学生食堂文明就餐抓起，借助思政课等相关课程，教育学生在就餐期间学会礼让，文明排队，轻声细语，文明用餐，帮助学生进一步树立绿色理念，倡导学生勤俭节约。教育学生要按需"点菜"，向"舌尖上的浪费"说"不"，用餐过后自觉回收餐具等。此外，还可以建立教室、宿舍卫生评比制度，要求学生规范着装，督导学生使用礼貌用语，提醒学生不乱扔垃圾等行为，共同营造文明校园氛围。

（4）注重培养学生干部，发挥学生骨干的带头作用。学生干部是学生管理工作中学生和教师有效沟通的桥梁，着力培养学生干部，明确并严格学生干部任职条件和日常学习、行为要求，建立学生干部动态调整机制，让学生干部积极参与到日常学生管理工作中来。在此过程中还可以提高学生自我管理、自我教育、自我发展的能力，从而更好地发挥学生干部的骨干作用。

（四）爱学习

（1）抓好课堂主阵地。出台强化课堂纪律若干规定，师生一起遵守，提高课堂教与学的效果。"身教重于言传"，充分发挥教师在课堂教学中的人格魅力。我们经常会说："什么样的将军带什么样的兵"，虽然这句话过于夸大，但是有其合理的一面。教师的思想感情、处事哲理、人生观点、道

德境界、品德修养，甚至言谈举止都会给学生留下深刻的印象，对学生有着熏陶诱导和潜移默化的影响。大学时期学生"三观"的养成跟课堂教学有着密切的关系。

（2）建立旷课预警制度和学籍与学业预警制度，加大学生的学习压力和动力，帮助学生养成良好的学习习惯。对于自觉性稍差的学生，一旦出现违反规定的情况，如旷课，马上向家长和学生本人发出预警，了解原因，寻找对策；针对学生成绩下降可能无法完成学业的情况，学校及时提醒、告知学生本人和家长可能产生的后果，并通过学校、学生和家长之间的联系、沟通、协作，督促学生顺利完成学业。另外，还应该将综合素质测评结果与学生评优、就业推荐挂钩，实行综合素质测评不合格者留级（或降级）、劝其退学、延期毕业等举措。

（3）建立教师指导学生读书机制，加强"阅读一小时"模式的推广和延伸，通过不同形式和渠道向学生推荐人文素质类优秀书刊，结合学校读书社团以及专项的读书月活动，不断提高学生阅读的能力。规定学生每学年观看优秀影视、网络、动漫文化作品不少于100小时，阅读图书、报刊文字不少于200万字，并纳入综合素质考评。

（4）鼓励学生积极参加专升本、专科衔接自考本科，建立动员、鼓励学生专升本的长效机制。在此过程中，图书馆可提供更加便利的学习环境，为学生提供充分服务，同时可固定一个教师团队负责解答和辅导学生在升学过程中的具体问题，也可以通过举办学业优秀学生表彰会等营造升学氛围。

（五）爱劳动

（1）将劳动教育纳入思政课教学规定内容。例如，将劳动精神教育纳入"思想道德修养与法律基础"课程教学内容，让学生崇尚劳动、尊重劳动，懂得劳动最光荣、劳动最崇高、劳动最伟大、劳动最美丽的道理；在实践教学中有对学生平时劳动实践情况的考核。

（2）在培养方案中设定专门的劳动教育学分，开设专门的劳动实践课程，如在全校范围内划分卫生责任区，每月检查评比。

（3）在每年的志愿者活动、三下乡活动中加入劳动教育相关要求，让学生参与劳动，形成对劳动的认识。

（4）在专业实习实训中强化劳动教育。实际上，我们的工匠精神教育、技术技能训练、企业实习，都包含有劳动精神教育元素。因为职业院校培养的就是劳动者，劳动就是实践、就是动手；动手就是劳动。

（六）爱创造

（1）举办小规模、多样化的与创新、创业有关的讲坛、论坛，力求满足不同学生的需要，适时增加数量和频率。

（2）激发学生的积极性和热情，出台具体政策，大力宣传、鼓励学生参加（教师指导）各类职业技能竞赛。强化学生对理论知识的学习的同时增强动手能力。一方面消化了自己的课余时间；另一方面辅助了学习，同时能够侧面推动教学教改，将行业企业规范和课程相结合，为今后教师的教学工作提供帮助。

立德树人是高校的根本任务，学校工作的每一个人、发生的每一件事、工作的每一个细节都会对学生产生潜移默化的影响，因此，要将思想政治教育贯穿教育教学的各环节，学校工作的各个方面，努力做到全员育人、全过程育人、全方位育人。

写给毕业生的两段话①

一、毕业之后还能时常想起母校

母校是什么？

（1）母校就是你可以因为半夜断网而到贴吧吐槽宣泄不满，却不允许外校人说半个不字的地方。

（2）母校就是当你心情不好借酒消愁喝个酩酊大醉，把值班老师、辅导员和整个宿舍楼折腾个半死但大家都能原谅你的地方。

（3）母校就是在你上课玩手机、考试不及格、耍脾气顶撞老师、和同学为点儿小事吵得不可开交之后有教师像上辈子欠你似的苦口婆心教育你、开导你，给你改正、改正、再改正机会的地方。

（4）母校就是为了让你能找个好工作而让上上下下四处寻找优秀合作企业的地方。

（5）母校就是这几年之中你恨之又恨、无时无刻不想离开，但毕业之后经常会莫名其妙想回来看看的地方。

同学们，当你因在网络肆意吐槽而被单位开除时，母校不会嫌弃你！当你因恋人提出分手而伤心欲绝时，母校不会抛弃你！当你因工作不努力而被领导训斥时，母校不会责怪你！因为，在这个社会，能做到和你的父母一样包容你的，只有母校！母校只希望，不管走得多远，飞得多高，你都能时常

---

① 本文为2016年6月应学生社团的邀请为毕业生即兴所写。

想起这个曾经你恨过也爱过，留下过伤心也收获过开心的地方！

二、毕业之后不要忘了自己的社会责任

哪些是你的社会责任？

（1）找一个爱你的人或你爱的人相亲相爱、幸福生活一辈子是你的社会责任。

（2）有空就回家依偎到父母身边撒撒娇、说说话，帮爸妈洗洗碗、拖拖地是你的社会责任。

（3）就像不敢触摸烧得通红的火炉一样不去触碰法律的底线是你的社会责任。

（4）就像热爱、珍惜、敬畏自己的生命一样敬畏、珍惜、热爱自己的工作是你的社会责任。

同学们，一旦你明白了这些，你就和母校的教师一样，成了一个有爱心、懂礼仪，有教养、会工作，有担当、知感恩的人！

不要问我，教师是如何做到的，等你五年、十年、二十年、五十年后再回母校时，母校自然会告诉你！母校只希望，你虽然不能常回来看看，但是你能把母校的网址收藏，时不时关注母校的发展也能成为你的社会责任！

参 考 文 献

［1］习近平出席全国教育大会并发表重要讲话.中华人民共和国中央人民政府，2018-9-10，http：//www.gov.cn/xinwen/2018-09/10/content_5320835.htm.

［2］习近平.加快建设世界一流大学和一流学科［M］.习近平谈治国理政：第二卷.北京：人民出版社，2017.

［3］习近平.在北京大学师生座谈会上的讲话.http：//www.moe.gov.cn/jyb_xwfb/moe_176/201805/t20180503_334882.html.

［4］习近平.做党和人民满意的好老师——同北京师范大学师生代表座谈时的讲话.http//www.moe.gov.cn/jyb_xwfb/moe_176/201409/t20140910_174733.html.

［5］习近平.在省部级主要领导干部学习贯彻党的十八届五中全会精神专题研讨班上的讲话［N］.人民日报，2016-5-10.

［6］中共中央国务院.关于全面深化新时代教师队伍建设改革的意见，2018-1-20.

［7］中共中央办公厅，国务院办公厅.关于实施中华优秀传统文化传承发展工程的意见，2017-1-25.

［8］中共中央国务院.关于加快发展现代职业教育的决定.国发〔2014〕19号.2014-05-02.

［9］中共教育部党组.关于印发《高校思想政治工作质量提升工程实施纲要》的通知.教党〔2017〕62号.2017-12-04.

［10］教育部.关于印发《高等职业教育创新发展行动计划（2015—2018年）》的通知.教职成〔2015〕9号.2015-10-19.

［11］教育部.关于印发《新时代高校思想政治理论课教学工作基本要求》的通知.教社科〔2018〕2号.2018-4-12.

［12］教育部，等.关于印发《现代职业教育体系建设规划（2014—2020年）》的通知.教发〔2014〕6号.2014-06-16.

［13］教育部.关于深化职业教育教学改革全面提高人才培养质量的意见.教职成〔2015〕6号.2015-07-27.

［14］教育部.关于印发《职业院校管理水平提升动计划（2015—2018年）》的通知.教职成〔2015〕7号.2015-08-28.

［15］姜大源.职业教育学研究新论［M］.北京：教育科学出版社，2007.

［16］李海峰.浅谈高校思想政治教育教师队伍的构成及其专业化［J］.改革与开放，2011（16）.

［17］陈勇，阵蕾，陈旻.论新形势下立德树人思想要求的拓展与提升［J］.思想理论教育导刊，2017（11）.

［18］李海峰.论思想政治教育的灌输性与渗透性［J］.理论导报，2010（9）.

［19］吕景泉.论职业教育的供给侧结构性改革［J］.天津职业院校联合学报，2016（3）.

［20］姜大源.教育供给侧改革的最大潜力在于职业教育［J］.教育与职业，2016（21）.

［21］潘懋元，王伟廉.高等教育学［M］.福州：福建教育出版社，1995：32.

［22］俞浩奇.推进职业教育"供给侧"改革的问题、路径与对策［J］.职业教育，2017（17）.

［23］陈晨明.从要素投入到结构优化：职业教育供给侧改革的路径选择［J］.教育学术月刊，2016（9）.